Le Regla

de San Benito

Escrito por

San Benito de Nursia

Traducción por

Joaquín de la Sierra

Publicado por

Motmot.org

¡Muchas gracias!

A ti, amante de la lectura,

Te agradecemos sinceramente por elegir nuestro libro, La Regla de San Benito. En Motmot, somos más que una editorial; buscamos formar lazos duraderos con quienes leen nuestros libros. Por eso, te invitamos a unirte a nuestra comunidad.

Utiliza el código QR que encontrarás a continuación para visitar la página de recursos de este libro. Allí podrás descargar recursos gratuitos, inscribirte en nuestro club de lectura y darnos la oportunidad de mantenernos en contacto contigo.

Constantemente actualizamos los recursos adicionales para enriquecer tu experiencia con este libro.

¡Esperamos que los disfrutes!

«La ociosidad es enemiga del alma; por lo tanto, los hermanos deben estar ocupados en trabajo manual en ciertos momentos, y en otros, en la lectura devota.».

San Benito de Nursia

Contenido

Una nota del traductor 10

San Benito de Nursia 12

Introducción a la Regla de San Benito 14

Prólogo 16

Capítulo I: Los diferentes tipos de monjes 19

Capítulo 2: Las cualidades de un Abad 19

Capítulo 3: Buscando consejo comunitario 21

Capítulo 4: Las prácticas de las buenas obras 22

Capítulo 5: Sobre la obediencia 25

Capítulo 6: La importancia del silencio 26

Capítulo 7: Sobre la humildad 27

Capítulo 8: Horario de oraciones nocturnas 30

Capítulo 9: La estructura del oficio nocturno 30

Capítulo 10: Observando la oficina nocturna durante el verano 31

Capítulo 11: La estructura del oficio nocturno los domingos 32

Capítulo 12: Realización de la oficina matutina 33

Capítulo 13: La estructura de la oración matutina en los días laborables 33

Capítulo 14: Observando el Oficio Nocturno en los Días de Fiesta de los Santos ... 34

Capítulo 15: Cuándo cantar «Aleluya» 34

Capítulo 16: El horario diario de los servicios divinos 35

Capítulo 17: La estructura de las horas de oración diarias y el número de Salmos ... 35

Capítulo 18: La secuencia de Salmos para la oración diaria 36

Capítulo 19: La conducta apropiada para el culto divino 37

Capítulo 20: La importancia de la oración respetuosa 38

Capítulo 21: Sobre el nombramiento y responsabilidades de los decanos 38

Capítulo 22: Arreglos de sueño para los monjes ... 39

Capítulo 23: Sobre las medidas disciplinarias por mala conducta ... 39

Capítulo 24: Niveles apropiados de acción disciplinaria ... 40

Capítulo 25: Abordando la mala conducta grave ... 40

Capítulo 26: Interacción con miembros excomulgados ... 41

Capítulo 27: El cuidado del Abad por los miembros que han sido disciplinados ... 41

Capítulo 28: Sobre cómo afrontar la mala conducta persistente en el monasterio ... 42

Capítulo 29: Sobre la readmisión de los monjes que abandonan el monasterio ... 43

Capítulo 30: Medidas disciplinarias para miembros jóvenes ... 43

Capítulo 31: Las Cualidades del Administrador del Monasterio ... 44

Capítulo 32: Gestión de los activos y equipos del monasterio ... 45

Capítulo 33: Sobre las posesiones personales en el monasterio ... 45

Capítulo 34: Distribución equitativa según la necesidad ... 46

Capítulo 35: Gestión de los turnos semanales en la cocina ... 46

Capítulo 36: Cuidando a los miembros enfermos ... 47

Capítulo 37: Consideración por los ancianos y los niños ... 48

Capítulo 38: El Lector Semanal ... 48

Capítulo 39: Porciones apropiadas de comida ... 49

Capítulo 40: La cantidad adecuada de bebida ... 50

Capítulo 41: Horarios de las comidas a lo largo del año ... 51

Capítulo 42: Silencio después de la oración vespertina ... 51

Capítulo 43: La puntualidad para la oración y las comidas ... 52

Capítulo 44: El proceso de hacer reparaciones por ofensas graves ... 53

Capítulo 45: Sobre cómo abordar los errores durante los servicios de oración ... 54

Capítulo 46: Sobre el tratamiento de los fracasos en diversos deberes ... 54

Capítulo 47: Programando el Oficio Divino ... 55

Capítulo 48: Sobre el trabajo diario y la lectura ... 55

Capítulo 49: La observación de la Cuaresma ... 56

Capítulo 50: Sobre los miembros que trabajan a distancia o viajan 57

Capítulo 51: Directrices para monjes en viajes cortos 57

Capítulo 52: El lugar de oración del monasterio 58

Capítulo 53: Sobre la recepción de huéspedes 58

Capítulo 54: Las comunicaciones personales y regalos para los monjes 60

Capítulo 55: Ropa y calzado para los monjes 60

Capítulo 56: Los arreglos para las comidas del Abad 61

Capítulo 57: Sobre los artesanos del monasterio 62

Capítulo 58: La manera de recibir a los nuevos miembros 62

Capítulo 59: Sobre la admisión de niños nobles y pobres 64

Capítulo 60: Sobre la admisión de sacerdotes en el monasterio 64

Capítulo 61: Recibiendo a monjes visitantes 65

Capítulo 62: Sobre los sacerdotes del monasterio 66

Capítulo 63: Jerarquía comunitaria y respeto 66

Capítulo 64: Sobre la selección de un Abad 67

Capítulo 65: El nombramiento y el papel del prior en el monasterio 69

Capítulo 66: El Portero del monasterio 70

Capítulo 67: Pautas para los monjes en viaje 70

Capítulo 68: Responder a tareas abrumadoras 71

Capítulo 69: Ningún monje debe defender a otro 71

Capítulo 70: Prohibición del castigo no autorizado 72

Capítulo 71: La obediencia mutua entre los monjes 72

Capítulo 72: La importancia del celo en la vida monástica 73

Capítulo 73: La Regla como fundamento para el crecimiento espiritual 73

Oración de San Benito

Oh Padre santo y misericordioso, danos sabiduría para percibirte, diligencia para buscarte, paciencia para esperarte, ojos para contemplarte, corazón para meditarte y vida para proclamarte; por el poder del Espíritu de Jesucristo, nuestro Señor.
Amén.

Una nota del traductor

Traducir textos antiguos siempre plantea desafíos únicos, no solo por las barreras lingüísticas, sino también por las culturales y contextuales. La «Regla de San Benito», escrita en el siglo VI, no es la excepción. Este documento, que ha orientado la vida monástica en Occidente durante casi quince siglos, ofrece una profundidad espiritual que trasciende el tiempo y el espacio. Mi tarea como traductor ha sido la de tender puentes entre ese mundo antiguo y nuestro presente, manteniendo la esencia de las enseñanzas de San Benito intactas mientras las hago accesibles y relevantes para el lector contemporáneo.

La Regla es, según palabras del propio San Benito, «una pequeña regla para principiantes», pero sus implicaciones y su profundidad son cualquier cosa menos pequeñas. La traducción de este texto ha requerido un equilibrio delicado entre la precisión textual y la adaptación a un lenguaje que resuene con los lectores de hoy. Además, cada frase de San Benito está cargada de significados que a menudo se despliegan solo en el contexto de la vida comunitaria y espiritual benedictina, lo que añade una capa adicional de complejidad a la traducción.

Uno de los pasajes más emblemáticos y que resume el espíritu de la Regla se encuentra en el capítulo 72: «Nada antepongan a Cristo, y que él nos conduzca juntos a la vida eterna». Este versículo no solo destaca la centralidad de Cristo en la vida monástica, sino que también subraya el valor de la comunidad como camino hacia la salvación. Esta frase resuena con un llamado universal a priorizar lo espiritual y lo comunitario en nuestras vidas.

La relevancia de la Regla de San Benito se extiende más allá de los muros del monasterio. En un mundo frecuentemente dominado por el individualismo y el materialismo, San Benito nos ofrece un modelo alternativo de vida, basado en la comunidad, el equilibrio y la sencillez. Sus enseñanzas sobre la moderación, el trabajo, la oración y la vida comunitaria siguen siendo profundamente aplicables. Por ejemplo, su enfoque en la «ora et labora» (ora y trabaja) puede ser una guía valiosa en nuestra búsqueda de un equilibrio saludable entre la vida laboral y la espiritual.

El trabajo de traducción también me ha permitido reflexionar sobre el concepto de obediencia, tan central en la Regla. En una era que valora la autonomía personal, la idea benedictina de la obediencia, que es escuchar y responder a las necesidades de la comunidad y sus líderes, ofrece una perspectiva refrescante y contracultural. No es una obediencia ciega, sino una escucha activa y considerada, que reconoce la presencia de Dios en cada individuo de la comunidad.

Además, la hospitalidad, otro pilar de la Regla, desafía nuestras nociones contemporáneas de aceptación y acogida. En la Regla, todos los que llegan son recibidos como Cristo, un recordatorio poderoso de ver lo divino en cada persona, independientemente de su estatus o origen.

Finalmente, la traducción de este texto ha sido un acto de «stabilitas» (estabilidad), otro voto benedictino. Al sumergirme en la Regla, me he comprometido a entender profundamente y transmitir fielmente la sabiduría contenida en ella, aportando a su preservación y relevancia continua.

Es mi esperanza que esta traducción no solo sea una herramienta para entender un texto antiguo, sino también un espejo que refleje nuestras propias vidas, invitándonos a reconsiderar nuestros valores y la manera en que vivimos.

Atentamente,
Tu hermano en Cristo,

Joaquín de la Sierra

San Benito de Nursia

Benito de Nursia, conocido como San Benito, nació en Nursia, cerca de la ciudad italiana de Spoleto, alrededor del año 480. Es venerado como patrón de Europa y como el patriarca del monaquismo occidental. Fundador de la orden de los benedictinos, su legado perdura en su influencia en numerosas comunidades religiosas a través de su «Santa Regla». Su hermana gemela, Escolástica, también es reconocida por su santidad.

Tras recibir una educación adecuada en Roma, donde estudió retórica y filosofía, Benito pronto se desilusionó con la vida licenciosa de sus contemporáneos. A los veinte años, buscando una vida de mayor significado y austeridad, se retiró a Enfide (actual Affile) y luego se aventuró más profundamente en el retiro espiritual bajo la guía de un ermitaño en el monte Subiaco. Allí, viviendo en una cueva, se dedicó a una vida de oración y meditación.

Durante este tiempo, su reputación de piedad atrajo a otros que buscaban la guía espiritual. Aunque inicialmente reticente, Benito aceptó convertirse en el Abad de un monasterio en Vicovaro. Sin embargo, la severidad de su disciplina no fue bien recibida, y enfrentó intentos de envenenamiento por parte de algunos monjes. Esto lo llevó a fundar su propio monasterio en Montecasino en 529, un lugar que se convertiría en el núcleo del monasticismo occidental.

En Montecasino, Benito escribió la «Regla de San Benito», un compendio de directrices para la vida monástica que refleja su profunda comprensión de la naturaleza humana y su deseo de establecer una comunidad donde la oración y el trabajo se equilibren armónicamente. Su famosa máxima «Ora et labora» (reza y trabaja) encapsula este equilibrio. La Regla se propone no como un ideal de perfección, sino como una guía práctica para vivir en comunidad.

Benito fue también conocido por sus milagros y por su profunda espiritualidad. Se dice que predijo el día de su propia muerte en 547, poco después de la muerte de su hermana Escolástica. La "medalla de San Benito", que lleva inscripciones como «La santa Cruz sea mi luz» y «Abajo contigo, Satanás», sigue siendo un poderoso símbolo de su fe y su poder espiritual.

La Regla de San Benito fue adoptada y adaptada a lo largo de los siglos, influenciando no solo a comunidades religiosas, sino también a la cultura y el pensamiento occidentales. Monasterios basados en sus preceptos se convirtieron en centros de aprendizaje y conservación del conocimiento durante la Edad Media, desempeñando un papel crucial en el mantenimiento de la estabilidad cultural y espiritual.

San Benito murió el 21 de marzo de 547 y fue enterrado junto a su hermana en Montecasino. A lo largo de los siglos, su vida y obra han sido una fuente de inspiración para muchos que buscan una vida de dedicación espiritual. Fue proclamado patrón de Europa por Pablo VI en 1964, reflejando su impacto perdurable en el cristianismo occidental.

Introducción a la Regla de San Benito

La Regla de San Benito, más que un simple conjunto de directrices, es un profundo compendio de sabiduría espiritual y práctica monástica que ha marcado la vida comunitaria de numerosas órdenes religiosas a lo largo de los siglos. Diseñada originalmente para regular la vida diaria de los monjes bajo la guía de un abad, esta Regla se ha convertido en un modelo de vida dedicada no solo a Dios, sino también al desarrollo humano y comunitario.

La Regla se abre con un prólogo exhortativo en el que San Benito establece los principios fundamentales de la vida religiosa: la renuncia a la propia voluntad y el armarse con las "armas fuertes y nobles de la obediencia" bajo la bandera del "verdadero Rey, Cristo el Señor". En este marco, San Benito propone establecer una "escuela para el servicio del Señor" donde se enseñe "el camino a la salvación", asegurando que, mediante la perseverancia en el monasterio hasta la muerte, sus discípulos puedan compartir "mediante la paciencia, en las pasiones de Cristo y, por tanto, merecer también compartir en su Reino".

Capítulos Clave

Tipos de Monjes: San Benito describe cuatro tipos de monjes, que van desde los cenobitas, que viven en monasterio bajo una regla y un abad, hasta los sarabaitas y girolvagues, que viven sin regla fija y deambulan de monasterio en monasterio.

El Abad: Se detallan las cualificaciones necesarias para ser abad, subrayando que este debe evitar hacer distinciones entre los monjes, salvo por mérito particular, y que es responsable de la salvación de las almas a su cargo.

Consejo de Monjes: Se establece la importancia de convocar a los monjes a consejo para asuntos importantes, resaltando el valor de la sabiduría colectiva.

Herramientas para el Buen Trabajo: San Benito enumera 73 herramientas espirituales necesarias para la vida monástica, que son, en esencia, deberes de todo cristiano, basados en las Escrituras.

La Divina Oficina: Los capítulos del 8 al 19 regulan meticulosamente la Oficina Divina o las horas canónicas, destacando que a este servicio "nada se debe anteponer".

Hospitalidad y Cuidado Comunitario: Se tratan temas como la hospitalidad hacia los huéspedes, el cuidado de los enfermos y el manejo de las propiedades del monasterio, enfatizando siempre la necesidad de que todo se haga en beneficio de la comunidad y con un espíritu de fraternidad.

Disciplina y Castigos: Se especifica una escala graduada de castigos para diversas faltas, desde la amonestación privada hasta la excomunión, siempre buscando la corrección y la mejora del hermano.

La Admisión de Nuevos Miembros: Se describen los procedimientos rigurosos para la admisión de nuevos miembros, buscando asegurar que aquellos que entran estén verdaderamente comprometidos con la vida monástica.

Temas Centrales

La Regla no solo se enfoca en la oración y el trabajo manual, sino también en la vida comunitaria, la obediencia, la humildad y el silencio. Estos principios están diseñados para fomentar un ambiente donde el egoísmo y la vanidad se minimicen, permitiendo que la vida comunitaria florezca bajo la guía espiritual del abad.

San Benito enfatiza que la Regla es un medio para alcanzar la piedad, no un fin en sí misma. Su propósito es facilitar un camino hacia Dios, adaptado a las capacidades y necesidades de aquellos novatos en la vida espiritual. Esto se refleja en la flexibilidad con la que el Abad puede interpretar y aplicar las reglas según las circunstancias.

Prólogo

1 de enero, 2 de mayo, 1 de septiembre

Hijo mío, escucha atentamente a la orientación de tu maestro y presta atención con el corazón abierto, acepta y actúa según el consejo de tu mentor cuidadoso, para que, con tu dedicación a seguir las instrucciones, encuentres tu camino de regreso al único de quien te desviaste por pereza y desobediencia.

Este mensaje es para ti, quienquiera que seas, si has decidido dejar de lado tus deseos personales para esforzarte bajo el mando de Cristo Señor, nuestro verdadero gobernante, y para armarte con la robustez y brillante armadura de la obediencia.

Antes de empezar cualquier tarea noble, ora fervientemente para su realización, confiando en que Aquel que nos ha aceptado amablemente como sus hijos no se decepcionará por nuestras faltas. Siempre debemos utilizar sus dones para servirle a Él, de tal manera que no, como un padre molesto, nos deshereda, ni, como un gobernante temible, nos condene al castigo eterno por no seguirlo hacia la gloria.

2 de enero, 3 de mayo, 2 de septiembre

Despierta y toma acción, como lo insta la Escritura, recordándonos que es hora de despertar del sueño. Abre tus ojos a la luz divina y escucha atentamente el llamado diario de la voz divina, que nos advierte: «Hoy, si escuchas Su voz, no endurezcas tu corazón», y nuevamente, «Si tienes oídos, escucha lo que el Espíritu les dice a las iglesias». ¿Cuál es el mensaje? «Venid, hijos míos, escuchadme; os enseñaré a respetar al Señor. Apúrate mientras tienes la luz de la vida, para que la oscuridad de la muerte no te sorprenda».

3 de enero, 4 de mayo, 3 de septiembre

El Señor, buscando a su trabajador entre la multitud, vuelve a llamar, «¿Quién es la persona que desea la vida y desea experimentar días de gozo?» Si respondes: «Yo soy esa persona», Dios te instruye: «Si deseas la verdadera y eterna vida, evita hablar mal y con engaños. Rehúye el mal y haz el bien; busca la paz y persíguela». Cuando vivas de esta manera, Dios te asegura que su mirada estará sobre ti y sus oídos atentos a tus oraciones; incluso antes de que le llames, él responderá: «Aquí estoy». ¿Qué puede ser más encantador, queridos hermanos, que esta invitación del Señor, que nos muestra el camino hacia la vida?

4 de enero, 5 de mayo, 4 de septiembre

Entonces, con la fe y las buenas acciones como nuestra armadura, sigue la dirección del Evangelio para que merezcas ver al Único que te ha convocado a su reino.

Si aspiras a residir en la morada de ese reino, debes apresurarte hacia allí a través de tus acciones virtuosas, o nunca llegarás. Pero pregúntale al Señor: «¿Quién vivirá en tu morada, o quién descansará en tu monte santo?».

Después de plantear esta pregunta, escucharás la respuesta del Señor mientras revela el camino a su morada: «Es la persona que vive sin tacha y actúa justamente; la que habla honestamente; la que no ha engañado con su lengua; la que no ha dañado a su prójimo ni ha esparcido rumores sobre ellos».

Esta persona ha superado las tentaciones del diablo rechazándolas y apartando su influencia de su corazón; ha capturado sus pensamientos emergentes y los ha alineado con Cristo.

Quienes temen al Señor no se jactan de su adhesión a estos principios; por el contrario, reconocen que cualquier bondad en ellos no viene de sí mismos sino del Señor. Alaban la obra del Señor dentro de ellos, haciendo eco del profeta: «No a nosotros, oh, Señor, sino a tu nombre sea la gloria».

Del mismo modo, el Apóstol Pablo no atribuyó el éxito de su predicación a sí mismo, sino que dijo: «Por la gracia de Dios, soy lo que soy». También afirmó: «Que quien se jacte, se jacte en el Señor».

5 de enero, 6 de mayo, 5 de septiembre

El Evangelio enseña que quienes escuchan y actúan según las palabras del Señor son como una persona sabía que construyó su casa sobre una base sólida, la cual, a pesar de los desafíos, será firme.

El Señor nos anima diariamente a vivir según sus enseñanzas, nuestro tiempo en la tierra se extiende para que tengamos la oportunidad de mejorar, como nos recuerda el Apóstol que la paciencia de Dios es una oportunidad para cambiar nuestras maneras de actuar, porque el Señor no desea que nadie perezca, sino que se aparte de sus pecados y viva.

Compañeros de comunidad, hemos preguntado quién puede residir en el santuario del Señor, y hemos escuchado sus instrucciones para aquellos que desean vivir allí, de hoy en adelante es nuestra responsabilidad actuar guiados por dichos deberes.

Inicialmente debemos preparar nuestros corazones y cuerpos para seguir sus mandatos con dedicación, Orando por la gracia de Dios para que nos sostenga en lo que puede parecer difícil por nuestra propia fuerza, ya que, si queremos evitar el sufrimiento del infierno, debemos actuar ahora, mientras aún podamos, para asegurar nuestro futuro en la eternidad.

Nuestro objetivo es crear una comunidad dedicada a servir al Señor sin imponer algo demasiado duro o gravoso; pero si la severidad es necesaria para corregir errores y/o mantener el amor, no te desanimes ni te apartes del camino a la salvación, desafiante al principio, pero a medida que crezcamos en nuestra vida espiritual y en la fe, nuestros corazones se abrirán y experimentaremos la profunda alegría de seguir los mandatos de Dios.

Al permanecer comprometidos con esta comunidad y sus enseñanzas hasta nuestro último aliento, podremos perseverar junto a Cristo y esperar participar en su reino eterno.

Capítulo I: Los diferentes tipos de monjes

Existen cuatro tipos reconocidos de monjes:

El primero es el de los Cenobitas, que viven en comunidad dentro de un monasterio, siguiendo una regla específica y bajo la guía de un Abad.

El segundo tipo es el de los Anacoretas o Ermitaños; estas personas, después de haber pasado un tiempo considerable en una comunidad monacal y haber aprendido a combatir sus demonios internos con el apoyo de otros monjes, optan por vivir una vida solitaria en el desierto. Confían genuina y únicamente en Dios para continuar su lucha espiritual contra los vicios personales y los pensamientos.

El tercer tipo se considera desfavorable, se trata de los Sarabaítas; estos monjes no han sido refinados por la disciplina o la experiencia, son en extremo indisciplinados, viven con fervientes deseos mundanos, y su compromiso con Dios es superficial. Generalmente viven en pequeños grupos o solos, sin orientación, siguiendo solo sus caprichos.

El cuarto tipo es el de los Giróvagos; estos monjes deambulan sin cesar, moviéndose de un monasterio a otro, sin establecerse nunca, son impulsados por sus deseos, particularmente por la comida, y su forma de vida es incluso menos recomendable que la de los Sarabaítas.

Es mejor decir poco sobre la conducta de estos dos últimos tipos de monjes. En cambio, centrémonos en establecer una regla para los monjes más disciplinados, los Cenobitas, con la ayuda de Dios.

Capítulo 2: Las cualidades de un Abad

Un Abad que lidera un monasterio debe estar siempre consciente de su papel y esforzarse por encarnar el título de Superior, ya que, representa a Cristo dentro del monasterio; el término «Abad» se deriva de la expresión «Abba—Padre», lo que significa una paternidad espiritual.

Por lo tanto, el Abad no debe instruir o imponer ninguna directiva que contradiga las enseñanzas de Cristo, su orientación y órdenes deben inculcar un sentido de justicia divina en sus discípulos.

El Abad siempre debe ser consciente de que será responsable de sus enseñanzas y de la obediencia de sus discípulos ante los ojos de Dios. Si el Abad ha atendido diligentemente a su rebaño, pero estos permanecen desobedientes, no será responsable en el juicio divino. Sin embargo, si el fracaso de los discípulos se debe a la negligencia del Abad, él cargará con la culpa.

Al asumir el papel de Abad, uno debe liderar con el ejemplo, demostrando sus virtudes a través de acciones, para los menos comprensivos, y por medio de palabras, para los discípulos más perceptivos.

Debe evitar contradecir la ley de Dios en su propio comportamiento, para no ser acusado de hipocresía.

En el monasterio, el Abad debe tratar a todas las personas por igual, sin favoritismos, ni siquiera la posición de nacimiento debe influir en el estatus de uno en la comunidad, ya que todos son iguales en Cristo y comparten el mismo compromiso de servir; sólo es merecedor de preferencia aquel que obra con bien y es humilde.

El Abad debe amar a todos los discípulos por igual y aplicar la disciplina de manera justa basada en las acciones de cada individuo, debe adaptar su enfoque para ajustarse a la situación; a veces severo y en otras ocasiones suave, tal y como aconsejó el Apóstol: «Reprende, ruega, censura». Debe ser estricto con aquellos que son indisciplinados, alentador con los que son obedientes y correctivo hacia los negligentes y despectivos.

El líder debe estar alerta y abordar prontamente los errores de aquellos bajo su cuidado, teniendo cuidado de no ignorarlos. Debe recordar las consecuencias que enfrentó Helí, el sacerdote de Silo, y actuar con decisión para evitar que los problemas pequeños se agranden.

Para quienes se comportan bien y son comprensivos, una advertencia verbal debería bastar al principio; pero para quienes desafiantes y obstinados, puede necesitar recurrir a medidas más estrictas, ya que muchas palabras no logran corregir a tales personas. Se dice, «El necio no se corrige con palabras», y también, «Pégale a tu hijo con la vara y librarás su alma de la muerte».

El líder debe ser consciente de su rol y la mayor responsabilidad que conlleva, reconociendo la complejidad de guiar a los individuos y la necesidad de abordar a cada uno de manera diferente—algunos pueden necesitar un ánimo gentil, otros una reprimenda firme y a otros más, un diálogo persuasivo, todo dependiendo de su temperamento y comprensión únicos.

Sobre todo, el líder debe priorizar el bienestar espiritual de aquellos confiados a él por encima de preocupaciones mundanas y efímeras, si se preocupa más por los recursos materiales, debería recordar las enseñanzas que dicen: «Buscad primero el Reino de Dios y su justicia, y todas estas cosas se os darán por añadidura,» y «Nada le falta a quienes le temen».

El líder debe saber que se le pedirá cuentas tanto por las almas bajo su guía como por la suya propia, este conocimiento debería impulsarlo a ser diligente en su conducta mientras asiste a otros, en su mejoría, él también refinará su propio carácter.

Capítulo 3: Buscando consejo comunitario

Siempre que haya asuntos importantes que atender en el monasterio, el Abad deberá reunir a toda la comunidad para discutir el tema en cuestión; después de escuchar las sugerencias de los hermanos, el Abad deberá considerar cuidadosamente la situación y tomar una decisión que crea que es la más beneficiosa.

La razón para incluir a todos en la discusión es que a veces las mejores ideas vienen de las fuentes menos esperadas, incluidos los miembros más jóvenes.

Los hermanos deben ofrecer sus opiniones con respeto, con la humildad que se espera de ellos, y no deben insistir en sus propias visiones; al final, la decisión del Abad es la definitiva, y todos deben aceptarla por el bien de la comunidad.

Así como es el deber de los discípulos seguir a su líder, es la responsabilidad del Abad manejar todo con equidad y sabiduría.

En todos los asuntos, todos deben adherirse a la guía de la Regla, y nadie debe actuar impulsivamente o desviarse de ella, nadie debe desafiar al Abad de manera irrespetuosa, ya sea dentro o fuera del monasterio; quien lo haga deberá estar sujeto a las medidas correctivas que se delinean en la Regla.

De manera similar, el Abad debe conducir todos los asuntos con una reverencia por Dios y de acuerdo con la Regla, consciente de que, al final, deberá rendir cuentas por sus decisiones a Dios, el Juez más justo.

Para asuntos de menor importancia concernientes al monasterio, el Abad deberá buscar el consejo solo de los miembros más antiguos, recuerda la sabiduría del dicho: «Haz todo con consejo, y no te arrepentirás de tus acciones más tarde».

Capítulo 4: Las prácticas de las buenas obras

1. Ama a Dios con todo tu corazón, alma y fuerza.

2. Ama a tu prójimo como a ti mismo.

3. No mates.

4. No cometas adulterio.

5. No robes.

6. No codicies.

7. No mientas.

8. Muestra respeto a todos.

9. Trata a los demás como te gustaría ser tratado.

10. Niégate a ti mismo para seguir a Cristo.

11. Disciplina tu cuerpo.

12. Evita el apego a los placeres.

13. Abrace el ayuno.

14. Ayuda a los pobres.

15. Provee ropa a quienes no tienen.

16. Cuida de los enfermos.

17. Entierra a los muertos.

18. Asiste a quienes están en apuros.

19. Consuela a los que están de luto.

20. Aléjate de las conductas mundanas.

21. Valora el amor de Cristo por encima de todo.

22. No sucumbas a la ira.

23. Deja ir el resentimiento.

24. Mantén el engaño fuera de tu corazón.

25. No finjas estar en paz.

26. Mantén la caridad.

27. Evita jurar para no caer en perjurio.

28. Habla con la verdad.

29. No devuelvas mal por mal.

30. No hagas daño y soporta con paciencia los agravios.

31. Ama a tus enemigos.

32. Bendice a quienes te maldicen.

33. Soporta la persecución por la justicia.

34. Evita la soberbia.

35. No abuses del alcohol.

36. No comas en exceso.

37. Evita el sueño excesivo.

38. No te quedes sin hacer nada.

39. No te quejes.

40. No calumnies.

41. Pon tu esperanza en Dios.

42. Atribuye a Dios tus virtudes.

43. Reconoce tus faltas como propias.

44. Ten presente el Día del Juicio.

45. Teme a las consecuencias del infierno.

46. Anhela fervientemente la vida eterna.

47. Mantén el pensamiento de la muerte presente.

48. Vigila tus acciones.

49. Recuerda que Dios siempre está observando.

50. Rechaza los pensamientos malignos con la ayuda de Cristo.

51. Confía en tu guía espiritual.

52. Evita el habla perjudicial.

53. Habla con moderación.

54. Evita las conversaciones ociosas o humorísticas.

55. No rías excesivamente.

56. Escucha las enseñanzas sagradas.

57. Ora con frecuencia.

58. Confiesa tus pecados a Dios con remordimiento y resolución de mejorar.

59. Resiste los deseos carnales; rechaza la autoindulgencia.

60. Obedece a tu líder, siguiendo sus enseñanzas, no sus errores.

61. Sé santo antes de buscar reconocimiento por la santidad.

62. Actúa en base a los mandamientos de Dios a diario.

63. Valora la pureza.

64. No albergues odio.

65. Evita los celos y la envidia.

66. Huye del conflicto.

67. Protégete de la arrogancia.

68. Honra a los experimentados.

69. Ama a los miembros más jóvenes.

70. Ora por tus enemigos con el amor de Cristo.

71. Haz la paz antes de que termine el día.

72. Nunca pierdas la esperanza en la misericordia de Dios.

Estas son las herramientas para nuestro viaje espiritual, si las practicamos incansablemente, día y noche, y las presentamos en el Día del Juicio, nuestra recompensa será más allá de lo que podemos imaginar: «Ningún ojo ha visto, ni oído ha escuchado, lo que Dios ha preparado para quienes lo aman».

El monasterio es nuestro taller donde practicamos diligentemente estas tareas, comprometidos con nuestra comunidad.

Capítulo 5: Sobre la obediencia

El primer paso en la humildad es obedecer prontamente, cualidad que se encuentra siempre en quienes valoran a Cristo por sobre todo, siendo motivados por su compromiso con el servicio santo, el temor a la condenación y la promesa de la vida eterna, tratan las órdenes del Superior como si fueran mandatos divinos y las ejecutan sin demora.

El Señor elogia tal obediencia inmediata, diciendo: «Tan pronto como oyó, me obedeció», También les dice a los líderes: «Quien a ustedes escucha, a Mí me escucha».

Aquellos que practican este nivel de obediencia ponen a un lado rápidamente sus tareas y deseos personales, dejan lo que están haciendo, incluso si está incompleto, y con afán de obedecer, llevan a cabo las instrucciones del Superior.

Sus acciones son tan prontas que el mandato y su cumplimiento ocurren casi simultáneamente, impulsados por su temor a Dios y su anhelo de vida eterna, este mismo anhelo los lleva a elegir el camino difícil hacia la vida, como dice el Señor: «Estrecho es el camino que conduce a la vida», Viven no por sus propias elecciones o deseos sino siguiendo la orientación y los mandatos de otros, eligiendo vivir en monasterios bajo la dirección de un Abad, encarnan la enseñanza del Señor, «No he venido a hacer mi voluntad, sino la voluntad de quien me envió».

Sin embargo, la obediencia solo es agradable a Dios y a los demás si se realiza de buena gana, sin vacilación, demora, reticencia, queja o resistencia.

La obediencia a los Superiores se considera obediencia a Dios, pues Él ha dicho: «Quien a ustedes escucha, a Mí me escucha». Los discípulos deben ofrecer su obediencia con alegría, ya que «Dios ama al dador alegre», Si un discípulo obedece de mala gana o se queja en su interior, incluso si la tarea se completa, no será aceptable para Dios, quien conoce los verdaderos sentimientos del corazón, y en lugar de ser recompensado, un discípulo que murmura corre el riesgo de ser castigado a menos que cambie su actitud y repare.

Capítulo 6: La importancia del silencio

Sigamos el consejo del Profeta que dijo: «Tendré cuidado con lo que digo y protegeré mis labios de contar mentiras, permaneceré en silencio y no tendré nada que ver con el mal».

El Profeta indica que a veces debemos permanecer en silencio, incluso cuando queremos decir algo bueno; si debemos estar en silencio para evitar decir cosas buenas, debemos ser aún más cautelosos para evitar decir cosas perjudiciales.

El silencio es crucial, por lo que hablar debería ser un privilegio raro, incluso para los que están bien disciplinados y que solo participarían en conversaciones positivas y edificantes, como se dice: «Hablar demasiado lleva al pecado», y en otro lugar, «La lengua tiene poder de vida y muerte».

El rol de hablar e instruir está reservado para el maestro, mientras que el estudiante debería escuchar en silencio. Si un estudiante necesita preguntar algo al superior, debería hacerlo con la máxima humildad y respeto.

Debemos evitar siempre las bromas groseras, las charlas sin sentido y las palabras que provocan risa, tales conversaciones están estrictamente prohibidas, y no se permite que los estudiantes participen en ellas.

Capítulo 7: Sobre la humildad

25 de enero, 26 de mayo, 25 de septiembre

Los textos sagrados nos llaman, recordándonos que aquellos que se elevan serán humillados y aquellos que se humillan serán enaltecidos; esto nos dictamina que cualquier forma de autoexaltación es esencialmente orgullo.

El Profeta ejemplifica la vigilancia contra el orgullo, diciendo: «Señor, mi corazón no es altanero, ni mis ojos son altivos; ni me ocupo en asuntos grandes, ni en cosas demasiado profundas para mí», en lugar de eso, elige la humildad sobre la autoimportancia, comparando su contento con el de un niño descansando con su madre.

Hermanos y hermanas, si aspiramos a lograr la máxima humildad y alcanzar rápidamente las alturas celestiales, debemos construir la escalera metafórica que Jacob visualizó en su sueño, con ángeles ascendiendo y descendiendo por ella, esta imagen nos enseña que caemos a través de la autoexaltación y ascendemos a través de la humildad.

Nuestra vida en el mundo es la escalera que Dios eleva al cielo si humillamos nuestros corazones; nuestro cuerpo y alma forman los lados de esta escalera, y nuestro llamado divino ha colocado los peldaños de la humildad y la disciplina que debemos ascender.

26 de enero, 27 de mayo, 26 de septiembre

El primer peldaño de la humildad es mantener siempre el temor de Dios en nuestra mente, sin olvidarlo nunca. Recordar todo lo que Dios ha mandado, la condenación eterna que espera a quienes desprecian a Dios y la vida eterna prometida a quienes lo veneran. Constantemente debe uno guardar contra el pecado y el vicio, ya sea en pensamiento, palabra, acción o deseo, y resistir los impulsos de la carne.

27 de enero, 28 de mayo, 27 de septiembre

Siempre debemos recordar que Dios nos observa desde el cielo, somos vistos por los ojos divinos y que los ángeles informan a Dios sobre nuestras acciones.

El Profeta nos dice que Dios está siempre presente en nuestros pensamientos, conociendo nuestras mentes y corazones, para guardar contra pensamientos impuros, uno debe recordarse continuamente: «Seré intachable ante Él si evito mi mal hacer».

28 de enero, 29 de mayo, 28 de septiembre

La Escritura nos instruye a renunciar a nuestra propia voluntad, como se ve en el mandato: «Apártate de tu voluntad», y en la oración donde pedimos que se haga la voluntad de Dios en nosotros, se nos advierte en contra de seguir nuestra propia voluntad; ya que algunos caminos que nos parecen correctos pueden llevarnos a la ruina, y se nos avisa sobre aquellos que se han corrompido a través de sus deseos.

29 de enero, 30 de mayo, 29 de septiembre

Debemos estar vigilantes contra los deseos malignos, pues la muerte se cierne en la puerta del placer, obedezcamos a la Escritura que aconseja: «No sigas tus lujurias».

Consciente de que el Señor ve tanto lo bueno como lo malo, y que Él observa desde el cielo en busca de aquellos que lo buscan, así que, debemos estar vigilantes, nuestras acciones son informadas al Señor por los ángeles; debemos ser cautelosos para no decepcionar a Dios, quien, en su misericordia, espera que mejoremos y de no hacerlo, podríamos enfrentar su silencio sobre nuestras malas acciones.

El segundo grado de la humildad implica dejar de lado los deseos personales y alinear nuestras acciones con el ejemplo del Señor, quién dijo: «No he venido para hacer mi voluntad, sino la voluntad del que me envió» por lo que entendemos que, elegir el propio deseo conlleva consecuencias, mientras que la restricción obtiene recompensa.

El tercer grado de la humildad requiere obedecer a nuestro superior por amor a Dios, siguiendo el ejemplo del Señor, quien fue obediente hasta la muerte.

El cuarto grado de la humildad trata sobre mantener la paciencia y un espíritu tranquilo frente a desafíos, contradicciones o injusticias en la obediencia. Se trata de soportar sin quejarse, como las escrituras fomentan la perseverancia y el coraje, prometiendo salvación y recompensa divina para quienes se mantienen firmes ante las pruebas.

El quinto grado de la humildad requiere transparencia con el Abad, confesando todos los malos pensamientos y pecados secretos, tal como las escrituras aconsejan revelar nuestros caminos al Señor y confiar en su misericordia.

El sexto grado de la humildad es estar contentos con lo mínimo y aceptarse a uno mismo como un trabajador indigno, haciendo eco de la humildad del Profeta ante Dios.

El séptimo grado de la humildad es realmente creer y sentirse menos que los demás, no solo diciéndolo, sino comprendiéndolo profundamente en el corazón. Esto es como expresar la humildad que hizo el Profeta, reconociendo su propia bajeza y abrazando las lecciones que vienen con ser humillado.

El octavo grado de la humildad implica adherirse estrictamente a las reglas establecidas en el monasterio y seguir el ejemplo de quienes tienen más experiencia.

El noveno grado de la humildad trata sobre controlar el habla, manteniéndose en silencio a menos que se le pida hablar; ya que, el hablar demasiado puede llevar al pecado y que no se encuentra estabilidad en quienes hablan en exceso, según la enseñanza.

El décimo grado de la humildad aconseja en contra de la risa rápida y sin reflexión, ya que se dice que solo los tontos ríen en voz alta y sin restricción.

El undécimo grado de la humildad llama a hablar de manera seria, tranquila; sin risas, empleando pocas palabras y evitando ser ruidoso; la sabiduría se asocia a la brevedad y precisión en el habla.

El duodécimo grado de la humildad se trata de mostrar humildad a través del propio comportamiento, sin importar dónde se esté o qué se esté haciendo, manteniendo una postura humilde; con cabeza inclinada y ojos bajos, siempre consciente de las propias fallas y del juicio venidero, haciendo eco de los sentimientos del publicano y del Profeta que se sentían humillados en todo momento.

Ascendiendo a través de estos grados de humildad, una persona puede eventualmente alcanzar un estado de amor perfecto por Dios, lo cual elimina el miedo.

Los mandamientos que alguna vez se siguieron por temor, ahora se seguirán con facilidad y amor, como una parte natural del carácter de uno, esta transformación es el resultado del amor de Cristo; la formación de buenos hábitos, y la alegría encontrada en la virtud, lo cual el Espíritu Santo revelará en aquellos que hayan sido purificados del vicio y del pecado.

Capítulo 8: Horario de oraciones nocturnas

Durante la temporada de invierno, desde principios de noviembre hasta Pascua, los monjes deben despertarse para las oraciones nocturnas en un momento que les permita tener un poco más de la mitad de la noche para dormir, asegurándose de que estén bien descansados.

Después de las oraciones nocturnas, cualquier tiempo restante antes del amanecer debe dedicarse al estudio, particularmente para aquellos monjes que necesiten mejorar su comprensión de los Salmos u otras lecturas.

Desde Pascua hasta el inicio de noviembre, el horario debería ajustarse de forma que los monjes se despierten más cerca del amanecer.

Las oraciones matutinas deben programarse para que ocurran poco después de las oraciones nocturnas, con el tiempo suficiente entre ambas para que los monjes atiendan las necesidades personales.

Capítulo 9: La estructura del oficio nocturno

En la temporada de invierno, como se ha definido previamente, el Oficio de la Noche comienza con la repetición del verso «Señor, abre mis labios, y mi boca proclamará tu alabanza», dicho tres veces.

Después de esto, se recita el Salmo 3 y el «Gloria al Padre». Luego, el Salmo 94 se canta con una antífona o simplemente se entona, a continuación, viene el himno ambrosiano, seguido de seis Salmos, cada uno acompañado por una antífona.

Tras estos Salmos y un verso recitado, la persona encargada de dirigir impartirá una bendición. Entonces; todo el mundo debe sentarse, y se leerán en voz alta tres lecturas de las Escrituras o comentarios respetados por sufrimientos católicos reconocidos, a cargo de diferentes miembros de la comunidad.

Cada lectura es seguida por un responsorial, un tipo de respuesta musical; los dos primeros responsoriales se cantan sin el «Gloria al Padre», pero después de la tercera lectura, este se incluye. Cuando la persona que canta inicia esto, todos deben ponerse de pie en honor a la Santísima Trinidad.

Las lecturas para el Oficio de la Noche deben provenir de los escritos divinos tanto del Antiguo como del Nuevo Testamento, así como de los comentarios sobre estos textos por sufrimientos católicos establecidos y ortodoxos.

Tras las tres lecturas y sus responsoriales, se cantan seis Salmos adicionales, esta vez con el estribillo «Aleluya».

Después de estos, se debe recitar de memoria un pasaje de las escrituras Apostólicas, seguido de un verso y la súplica de la letanía, «Señor, ten piedad de nosotros», ya con esto, se concluye el Oficio de la noche.

Capítulo 10: Observando la oficina nocturna durante el verano

Del 12 de febrero al 13 de junio y de nuevo el 13 de octubre, el período que se extiende desde Pascua hasta el comienzo de noviembre debe mantener la misma cantidad de salmos como se había delineado anteriormente; sin embargo, debido a las noches más cortas, se omitirán las lecturas del libro.

En lugar de las tres lecciones, se deberá recitar de memoria un pasaje del Antiguo Testamento, acompañado de un breve responsorio.

Aparte de este ajuste, todas las otras prácticas deben permanecer tal y como se instruyó previamente, asegurándose de que al menos doce salmos se reciten durante el Oficio de la noche, sin incluir los Salmos 3 y 94.

Capítulo 11: La estructura del oficio noctur-no los domingos

Para los domingos, la hora de despertar para el Oficio de la noche debe fijarse más temprano de lo habitual.

Durante este servicio, se debe seguir el formato previamente establecido, que incluye el canto de seis Salmos y un versículo.

Después de esto; todas las personas deben sentarse en sus lugares designados en los bancos para escuchar cuatro lecturas y sus responsorios correspondientes del libro, como se mencionó anteriormente.

El canto de «Gloria al Padre» se debe interpretar solo durante el cuarto responsorio, instando a todas las personas a ponerse de pie respetuosamente al comenzar.

A continuación; se deben cantar en secuencia seis Salmos adicionales con antífonas, junto con un versículo, esto debe seguirse de otro conjunto de cuatro lecturas con responsorios, realizadas de la misma manera que las anteriores.

Luego, se deben cantar tres cánticos seleccionados del libro de los Profetas, elegidos por la Abadesa o el Abad, con la adición de «Aleluya».

Después de recitar el versículo y de que la Abadesa o el Abad haya dado su bendición, se deben leer cuatro lecturas del Nuevo Testamento, siguiendo el mismo formato que antes.

Luego del cuarto responsorio, la Abadesa o el Abad debe iniciar el himno «Te alabamos, oh, Dios», y al terminar; mientras todas las personas permanecen de pie en señal de respeto, la Abadesa o el Abad debe leer un pasaje de los Evangelios.

Al concluir esta lectura, todas las personas deben afirmar con «Amén», y la Abadesa o el Abad debe pasar de inmediato al himno «A Ti la alabanza» y tras la bendición final, debe comenzar el Oficio de la Mañana.

Ésta secuencia para el Oficio de la Noche de los domingos debe seguirse de manera consistente durante todo el año; sin embargo, si las personas se despiertan tarde (lo cual debe evitarse), las lecturas o responsorios pueden ser acortados, aunque es preferible evitar tales

retrasos. Si estos ocurren, la persona responsable debe hacer penitencia ante Dios en el oratorio.

Capítulo 12: Realización de la oficina matuti-na

Durante el período comprendido entre el 14 de febrero al 15 de junio, y nuevamente el 15 de octubre, el Oficio de la Mañana dominical
debe comenzar con una recitación directa del Salmo 66, sin el uso de
una antífona.

Seguidamente, se debe recitar el Salmo 50 con la adición de «Aleluya».

Continúa con los Salmos 117 y 62, el Cántico de Bendición y los Salmos de alabanza. Luego; una lectura del Libro del Apocalipsis debe
ser recitada de memoria, seguido del responsorio, el himno ambrosiano y un verso.

Después, recita el cántico del libro del Evangelio, procede con la letanía y con eso concluye el Oficio.

Capítulo 13: La estructura de la oración ma-tutina en los días laborables

Para los días entre semana, la estructura de la Oración Matutina es la
siguiente:

Comenzar con el Salmo 66 recitado despacio y sin antífona, permitiendo que todas las personas se reúnan.

Continuar con el Salmo 50, acompañado de una antífona. Luego, recitar dos Salmos adicionales específicos para cada día entre semana:
los Salmos 5 y 35 el lunes, los Salmos 42 y 56 el martes, los Salmos
63 y 64 el miércoles, los Salmos 87 y 89 el jueves, los Salmos 75 y 91
el viernes, y el sábado, el Salmo 142 junto con un cántico del Deu-
teronomio, dividido en dos partes, cada una terminando con «Gloria
al Padre».

En otros días, incluir un cántico de los Profetas, siguiendo la práctica
de la Iglesia de Roma, con cada cántico asignado a un día específico.

Después de estos, recitar los Salmos de alabanza, un pasaje de las escrituras de los Apóstoles de memoria, el responsorio, el himno ambrosiano, un verso, un cántico de los Evangelios, la letanía y concluir el servicio.

En cuanto al Padrenuestro, debe recitarse completo por la persona superior al final de la Oración Matutina y Vespertina para que todos lo escuchen, especialmente para recordarles su compromiso con el perdón: «Perdona nuestras ofensas como nosotros perdonamos». Esto sirve como una precaución contra posibles conflictos o agravios.

Durante otros servicios de oración, solo se debe recitar en voz alta la parte final del Padrenuestro, permitiendo que todas las personas respondan con «Mas líbranos del mal».

Capítulo 14: Observando el Oficio Nocturno en los Días de Fiesta de los Santos

En las festividades de los santos y otros días de fiesta especiales, el Oficio de Noche se debe realizar de la misma manera que los domingos; sin embargo, los Salmos, antífonas y lecturas deben ser específicos para la fiesta que se celebra.

A pesar de estos cambios, la cantidad de estos elementos debe mantenerse consistente con las pautas previamente establecidas.

Capítulo 15: Cuándo cantar «Aleluya»

Del 18 de febrero al 19 de junio y el 19 de octubre, la alegre exclamación «Aleluya» debe incluirse continuamente tanto en los Salmos como en los responsorios desde el Domingo de Resurrección hasta Pentecostés.

Desde Pentecostés hasta el inicio de la Cuaresma, «Aleluya» debe ser cantado sólo durante los últimos seis Salmos del Oficio de la Noche y en todos los domingos que caigan fuera de la Cuaresma.

Durante estos domingos, los cánticos, así como el Oficio de la Mañana y las oraciones horarias de Prima, Tercia, Sexta y Nona, deben ir acompañados de «Aleluya»; sin embargo, la oración de la tarde,

Vísperas, debe ser recitada con antífonas.

Los responsorios no deben ir acompañados de «Aleluya» en ningún momento fuera del período de Pascua a Pentecostés.

Capítulo 16: El horario diario de los servicios divinos

El Salmista declara: «Siete veces al día te alabo», lo que nos guía a cumplir con este número sagrado llevando a cabo nuestros servicios divinos en momentos específicos a lo largo del día.

Estos servicios deben realizarse durante la madrugada, media mañana, fin de la mañana, mediodía, media tarde, anochecer y antes de acostarse, ya que, son estos momentos del día a los que el Salmista se refiere cuando habla de alabar a Dios siete veces al día.

Además, recordamos la importancia de la Oficina de la Noche por las palabras del Salmista: «En medio de la noche me levanté para glorificarte»; por lo tanto, ofrezcamos nuestras alabanzas a nuestro Creador por sus justos juicios en los tiempos establecidos: madrugada; media mañana, fin de la mañana, mediodía, media tarde, anochecer y antes de acostarse, y por la noche, despertemos para honrarlo.

Capítulo 17: La estructura de las horas de oración diarias y el número de Salmos

Ya hemos establecido la secuencia para los oficios de Oración de la Noche y de la Mañana, ahora, organicemos el horario para los otros momentos de oración diarios.

Durante Prima (la primera hora de luz del día), se deben recitar tres Salmos individualmente, no combinados con una única doxología («Gloria al Padre»).

El himno de esta hora se debe cantar después de la invocación: «Inclina a mi ayuda, Dios mío», que precede a los Salmos. Después de los Salmos, debe haber una lectura, seguida de un breve verso, la petición «Señor, ten piedad de nosotros», y las oraciones finales.

Los servicios de oración de Tercia (media mañana), Sexta (mediodía) y Nona (media tarde) deben seguir el mismo formato: la invocación «Inclina a mi ayuda, Dios mío»; el himno específico de la hora, tres Salmos, una lectura y un verso, la petición «Señor, ten piedad de nosotros», y las oraciones finales.

En comunidades más grandes, estos Salmos pueden ser cantados con estribillos conocidos como antífonas, mientras que, en grupos más pequeños, se deben recitar de forma continua sin interrupciones.

Para el servicio de Vísperas (oración vespertina), se limitan los Salmos a cuatro, con antífonas, después de estos Salmos, debe haber una lectura, luego un responsorio, el himno atribuido a Ambrosio, un verso, un cántico de los Evangelios, una letanía, la Oración del Señor y las oraciones finales.

Completas (oración nocturna) debe consistir en tres Salmos recitados consecutivamente sin antífonas, después de estos Salmos, incluir el himno de la hora, una lectura, un verso, la petición «Señor, ten piedad de nosotros», una bendición y las oraciones finales.

Capítulo 18: La secuencia de Salmos para la oración diaria

En ciertos días, comienza con el llamado a la asistencia divina: «Ven en mi auxilio, oh, Dios; Señor, apresúrate a socorrerme», seguido de «Gloria al Padre», y luego el himno designado para cada tiempo específico de oración.

Los domingos por la mañana, recita cuatro partes del Salmo 119 durante la oración de Prima, mientras que para los siguientes tiempos de oración—Tercia, Sexta y Nona—recita tres partes del Salmo 119 en cada uno.

El lunes en Prima, recita los Salmos 1, 2 y 6. Continúa este patrón diariamente en Prima con tres Salmos en secuencia hasta el Salmo 19, dividiendo los Salmos 9 y 17 en dos secciones; esto asegura que la oración vespertina del domingo siempre comience con el Salmo 20.

Al día siguiente, durante Tercia, Sexta y Nona, termina las nueve secciones restantes del Salmo 119, dividiéndolas en tres partes para cada tiempo de oración.

Después de completar el Salmo 119 el domingo y lunes, a partir del martes recita los Salmos 120 al 128 en Tercia, Sexta y Nona—tres Salmos por tiempo de oración.

Repite estos Salmos diariamente en los mismos momentos, manteniendo la misma estructura para himnos, lecturas y versículos, de modo que Prima del domingo siempre comience con el Salmo 119.

Para la oración de Vísperas cada día, canta cuatro Salmos empezando desde el Salmo 110 hasta el Salmo 147, excluyendo aquellos asignados a otros tiempos de oración.

Para compensar el total más corto, divide los Salmos más largos dentro de este rango, específicamente los Salmos 139, 144 y 145. Combina el Salmo más corto, 117, con el Salmo 115.

Habiendo establecido los Salmos de Vísperas, procede con el resto del servicio de oración como se ha delineado previamente.

En Completas, se deben recitar diariamente los Salmos 4, 91 y 134.

Para el Oficio de Lectura Nocturno, distribuye los Salmos restantes a lo largo de siete noches, dividiendo los más largos y asignando doce Salmos a cada noche.

Sin embargo; si alguien encuentra esta disposición insatisfactoria, es libre de organizar los Salmos de manera diferente, siempre que se recite el Salterio completo de 150 Salmos cada semana, comenzando de nuevo cada domingo en el Oficio de Lectura Nocturno.

Es señal de pereza recitar menos del Salterio completo y los cánticos usuales en una semana, considerando que nuestros santos predecesores lograban completarlo en un día. Nosotros, aunque menos fervientes, aspiremos a lograrlo semanalmente.

Capítulo 19: La conducta apropiada para el culto divino

Entendemos que la presencia divina está a nuestro alrededor y que «los ojos del Señor están en todas partes, observando tanto a los malvados como a los buenos»; sin embargo, deberíamos sostener esta creencia con más firmeza cuando participamos en el Oficio Divino, la oración formal de la Iglesia.

Con esto en mente, recordemos las palabras del Profeta: «Adora al Señor con reverencia», «Canta sabiamente» y «Te alabaré en presencia de los ángeles»; Por lo tanto, reflexionemos sobre cómo debemos comportarnos en la presencia de Dios y sus ángeles.

Cuando nos involucremos en el canto de salmos, deberíamos hacerlo con la intención de que nuestros pensamientos estén alineados con nuestras palabras.

Capítulo 20: La importancia de la oración respetuosa

Cuando nos acercamos a personas de alto rango para expresar nuestras necesidades, lo hacemos con respeto y humildad; por lo tanto, así debemos acercarnos mediante la oración a nuestro Señor, gobernante de todo, con la máxima humildad y devoción sincera.

Es importante entender que no es la longitud de nuestras oraciones la que asegura que seamos escuchados, sino la pureza de nuestro corazón y nuestro arrepentimiento genuino, por lo que, nuestras plegarias deben ser breves y sentidas, a menos que sintamos una inspiración divina para continuar.

En reuniones grupales, las oraciones deben mantenerse muy cortas. Para finalizar, cuando la persona líder dé la señal, todos deben levantarse juntos.

Capítulo 21: Sobre el nombramiento y responsabilidades de los decanos en el monasterio

Si el monasterio es grande, selecciona miembros que sean respetados y lleven una vida santa para servir como decanos. Estos decanos gestionarán sus respectivas áreas, siguiendo los mandamientos de Dios y la orientación del Abad.

Escoge a los decanos basándote en su vida virtuosa, actitudes humildes y sus enseñanzas perspicaces, no en su antigüedad; esto contribuye a que el Abad delegue responsabilidades en ellos con confianza.

Si algún decano se vuelve orgulloso y merece críticas, se le debe advertir hasta tres veces; si no hay mejora, debe ser reemplazado por alguien más adecuado, dicho proceso se aplica también al Prior.

Capítulo 22: Arreglos de sueño para los monjes

Cada monje debería tener su propia cama, con ropa de cama adecuada para su forma de vida, según lo decida el Abad. Idealmente, todos los monjes deberían dormir en la misma habitación; sin embargo, si son demasiados, deberían dormir en grupos de diez o veinte, bajo la supervisión de los monjes más experimentados.

Una vela debe permanecer encendida en el área de dormir hasta la mañana.

Los monjes deben dormir completamente vestidos, llevando cinturones o correas, pero no deben dormir con cuchillos para evitar accidentes. Este atuendo asegura que puedan levantarse rápidamente cuando sean llamados, y deberán hacerlo de manera pronta y ordenada para llegar a las oraciones comunitarias, mostrando respeto por la práctica.

Los monjes más jóvenes no deben dormir juntos, sino que deben estar dispersos entre los monjes mayores.

Cuando llegue el momento de despertarse para las oraciones, los monjes deben animarse suavemente para que incluso aquellos que se sientan somnolientos no tengan excusa para no asistir.

Capítulo 23: Sobre las medidas disciplinarias por mala conducta

Fechas: 28 de febrero, 30 de junio, 30 de octubre

Si una persona de la comunidad muestra de manera consistente terquedad; desobediencia, arrogancia, negatividad o viola repetidamente la Santa Regla de alguna manera, y, además, muestra falta de respeto por la orientación de sus superiores, dichos superiores deben primero abordar el asunto de manera privada con la persona, ofreciendo corrección en dos ocasiones separadas, siguiendo la directriz dada por Nuestro Señor.

Si la persona no mejora tras estas admoniciones privadas, entonces debe ser reprendida públicamente en presencia de toda la comunidad, y si la persona aún no cambia su comportamiento después de la amonestación pública, debe ser sujeta a excomunión, pero solo si comprende la gravedad de esta consecuencia. En casos donde la persona es desafiante y no responde a estas medidas, puede ser sujeta a disciplina física.

Capítulo 24: Niveles apropiados de acción disciplinaria

La severidad de la acción disciplinaria, como la excomunión o el castigo, debe ser proporcional a la gravedad de la falta, según el criterio del Abad.

Por infracciones menores, un miembro puede ser temporalmente excluido de las comidas comunitarias.

Las consecuencias específicas para alguien que ha sido apartado de la experiencia del comedor comunitario son las siguientes: En la capilla no se le permite dirigir el canto de los Salmos o antífonas, ni se le permite leer las Escrituras en voz alta hasta que haya reparado su falta.

En el comedor, debe comer sus comidas en soledad, después de que el resto de la comunidad haya terminado; por ejemplo, si la comunidad come en la sexta hora, entonces el miembro en cuestión comerá en la novena hora, y si la comunidad come en la novena hora, él comerá por la tarde. Esto continuará hasta que haya hecho los arreglos apropiados y se le conceda el perdón.

Capítulo 25: Abordando la mala conducta grave

El primero de marzo, julio y noviembre, abordemos cómo manejar la mala conducta grave dentro del monasterio.

Cuando un hermano comete una falta seria, se le debe excluir temporalmente de las comidas comunitarias y de las reuniones de oración, procurando que ningún otro hermano le haga compañía o entable una conversación con él.

Debe trabajar en las tareas asignadas en soledad, reflexionando sobre sus acciones con un corazón penitente, a este punto debería considerar las graves palabras del Apóstol Pablo, quien escribió que a tal persona se le entrega a la adversidad para que su espíritu pueda ser salvado en el día del juicio.

Las comidas deben tomarse en solitario, en un horario y en una cantidad que el Abad considere apropiados, y dado que está en estado de penitencia, aquellos que pasen por su lado no deben ofrecerle bendiciones, ni la comida que recibe debe ser bendecida, fomentando en el discípulo la autorreflexión y la reforma del comportamiento.

Capítulo 26: Interacción con miembros excomulgados

Si un miembro de la comunidad interactúa con una persona excomulgada —ya sea por conversación, mensajes o cualquier forma de asociación— sin el permiso explícito del Abad, deberá estar sujeto a la misma pena de excomunión.

Capítulo 27: El cuidado del Abad por los miembros que han sido disciplinados

El Abad debe estar profundamente preocupado por los miembros que han sido disciplinados, siguiendo el principio de que no son los sanos quienes necesitan a un médico, sino los enfermos. Debe actuar como un médico hábil, utilizando todos los métodos disponibles para ayudar en su recuperación.

Debe enviar discretamente a miembros experimentados y sabios para ofrecer consuelo privado a la persona que está luchando, animándole a que haga enmiendas con humildad.

Este apoyo se debe proporcionar para que la persona no se vea aplastada por un dolor abrumador, sino que sienta el fortalecimiento de la comunidad mediante actos de bondad, por ello, todos deben ser animados a rezar por esta persona.

La responsabilidad del Abad es inmensa, debe ser vigilante e ingenioso para asegurar que no pierda a ninguno de los individuos bajo su cuidado, por ello siempre debe recordar que su rol es apacentar a aquellos que son vulnerables, no dominar a los que son fuertes.

Debe prestar atención a la advertencia del Profeta, que nos dice que los poderosos a menudo toman lo que desean y descartan a los débiles; en cambio, el Abad debe emular las acciones compasivas del Buen Pastor, que dejó a las noventa y nueve ovejas para buscar a la que se había perdido.

El Buen Pastor sentía tanta empatía por la fragilidad de la oveja perdida que la llevó sobre sus hombros de vuelta a la seguridad del rebaño.

Capítulo 28: Sobre cómo afrontar la mala conducta persistente en el monasterio

Si un miembro del monasterio sigue cometiendo los mismos errores pese a las frecuentes correcciones e incluso después de su exclusión temporal de la comunidad, puede ser necesario recurrir a medidas disciplinarias más severas; en tales casos, se puede considerar un castigo físico, como azotes.

Sin embargo, si la persona aún no muestra señales de mejora, o peor aún, se vuelve desafiante, el Abad debe adoptar el enfoque de un doctor hábil.

Después de probar varios métodos —palabras de aliento, guía de las Sagradas Escrituras, la severa advertencia de exclusión e incluso la disciplina física— si aún no hay cambio, el Abad debería recurrir al remedio más poderoso: la oración.

Debe pedir la intervención divina, orando él mismo y pidiendo a todos los hermanos que oren para que el Señor, que tiene el poder de hacer cualquier cosa, pueda sanar al hermano errante.

Si después de todos estos esfuerzos, el hermano permanece impenitente y sin cambio, el Abad debe tomar una acción decisiva para proteger a la comunidad.

Siguiendo el consejo del Apóstol, «Aparten de entre ustedes a esa persona malvada», y «Si el incrédulo se va, que así sea», el Abad debería expulsar a la persona del monasterio, esto para prevenir que la influencia negativa de una persona afecte a toda la comunidad.

Capítulo 29: Sobre la readmisión de los monjes que abandonan el monasterio

Si un monje se marcha del monasterio por sus propias acciones y luego desea volver, primero debe comprometerse a enmendar su partida. Al regresar, deberá ser asignado al puesto más bajo para demostrar su humildad.

Si se va y vuelve, puede ser aceptado otra vez, y esto puede suceder por tercera vez; pero debe ser consciente de que después de la tercera ocasión, ya no se le permitirá regresar.

Capítulo 30: Medidas disciplinarias para miembros jóvenes

Para personas de distintas edades y niveles de comprensión, se deben adaptar las acciones disciplinarias apropiadas.

En lo que respecta a los miembros más jóvenes, como niños; adolescentes, y/o aquellos que no comprendan la gravedad de ser excluidos de la comunidad, se necesitan métodos alternativos de disciplina.

Si estos individuos más jóvenes no se comportan bien o no siguen las reglas, pueden corregirse con ayunos estrictos o, si se considera necesario para su corrección, amonestaciones firmes, pero sin llegar al extremo, es importante recordar que estas medidas se llevan a cabo con la intención de orientar y mejorar, no de destruir.

Capítulo 31: Las Cualidades del Administrador del Monasterio

El administrador del monasterio debe ser escogido de la comunidad, basándose en su sabiduría, madurez, moderación y autocontrol, este no debe ser propenso a la glotonería; arrogancia, temperamento explosivo, groserías, la pereza o el despilfarro. En cambio, debe ser una persona respetuosa y temerosa de Dios que actúe como una figura de cuidado para todos.

El administrador es responsable de gestionar todos los aspectos de las provisiones del monasterio y debe seguir las directrices del Abad sin desviarse, además, debe atender las solicitudes de los hermanos con paciencia y humildad, incluso al negar demandas no razonables, explicando sus razones amablemente.

Debe estar vigilante en el cuidado de su propio bienestar espiritual, recordando las palabras del Apóstol que indican que un servicio encomiable conduce a una sólida reputación.

El administrador debe prestar especial atención a las necesidades de los enfermos; los niños, los huéspedes y los pobres, plenamente consciente de que será responsable de ellos en el Día del Juicio.

Todos los objetos y propiedades del monasterio deben ser tratados con el mayor respeto, como si fueran vasos sagrados del altar.

El administrador debe evitar la negligencia y equilibrar la frugalidad con la generosidad, actuando siempre según la orientación del Abad.

La humildad es primordial para el administrador, por ello, cuando no tenga nada más que ofrecer, debería al menos proporcionar una palabra amable, ya que se dice que una buena palabra es más valiosa que el mejor regalo.

El administrador debe gestionar solo lo que el Abad le ha confiado y no interferir con asuntos prohibidos.

Debe distribuir las raciones de alimentos de los hermanos con prontitud y respeto para prevenir el descontento, teniendo en mente la escritura que advierte contra causar angustia a los vulnerables.

Si el monasterio es grande, el administrador puede tener asistentes que le ayuden a llevar a cabo sus deberes con calma y eficiencia.

Es importante adherirse al tiempo adecuado al distribuir y solicitar objetos para asegurarse de que nadie se altere o perturbe dentro del monasterio.

Capítulo 32: Gestión de los activos y equipos del monasterio

Para la gestión de los bienes del monasterio, como las herramientas, la ropa y otros objetos, el Abad deberá seleccionar miembros que hayan demostrado fiabilidad en su conducta y carácter. Solo entonces el Abad podrá confiarles estos objetos, asegurándose de que sean debidamente cuidados y devueltos cuando sea necesario.

Es importante que el Abad mantenga un inventario de estos objetos para hacer seguimiento de lo que se distribuye y lo que se devuelve cuando las responsabilidades se transfieran entre los miembros.

Si un miembro es negligente o descuidado con la propiedad del monasterio, debe ser corregido; si no mejora su comportamiento, deberá enfrentar las consecuencias según lo estipulado en las reglas del monasterio.

Capítulo 33: Sobre las posesiones personales en el monasterio

La práctica de propiedad personal debe ser completamente eliminada de la vida monástica, en todo caso, las personas monásticas no deben mantener posesiones personales ni participar en el intercambio de bienes sin el permiso expreso del Abad o la Abadesa.

Así mismo, no deben considerar nada como su propiedad privada, lo que incluye libros, tablillas de escritura, plumas o cualquier otro artículo dentro del templo. Se espera que renuncien al control sobre sus propios cuerpos y voluntades, confiando sus necesidades al cuidado de quien lidera el monasterio.

Todas las posesiones deben ser compartidas entre la comunidad, reflejando el principio de que nada debe ser reclamado como propiedad individual.

Si se descubre que una persona está aferrándose a artículos personales o reclamando propiedad sobre ellos, debe ser advertida dos veces, en caso de continuar haciendo caso omiso de esta regla, se debe tomar la acción disciplinaria apropiada.

Capítulo 34: Distribución equitativa según la necesidad

Adherimos al principio encontrado en la Escritura: «Distribuid las provisiones según lo que cada persona necesite», esto no quiere decir que debamos tener favoritismos—nada de eso. En lugar de eso, debemos ser conscientes de las debilidades individuales.

Aquellos que requieren menos deben estar agradecidos a Dios y no sentirse molestos, mientras que aquellos que necesitan más deben permanecer humildes, reconociendo su necesidad en lugar de sentirse con derecho debido a la generosidad que reciben, este enfoque asegurará la armonía entre todos los miembros.

Lo más importante es que debemos evitar absolutamente cualquier forma de quejas o lamentos, ya sea a través de palabras o incluso el más leve gesto, cualquier persona que se descubra participando en dicho comportamiento debe enfrentar consecuencias estrictas.

Capítulo 35: Gestión de los turnos semanales en la cocina

El servicio en la cocina es un servicio valioso que fomenta tanto la recompensa, como el espíritu de dar.

Por lo tanto, todos los miembros deben turnarse para servir en la cocina, con excepción solo por enfermedad o si están realizando tareas esenciales. Para evitar las negativas, todos aquellos que encuentren el trabajo desafiante deben recibir ayuda, dicho apoyo dependerá del tamaño de la comunidad y las condiciones locales.

En comunidades grandes, la persona a cargo de las provisiones (el/la celador/a) y los deberes más críticos pueden estar exentos del servicio en la cocina, mientras que todos los demás deben servir con amabilidad.

La persona que termina su semana de servicio en la cocina debe limpiar el sábado, será responsable de lavar las toallas usadas por la comunidad y, con la ayuda de la persona que comienza su semana, lavar los pies de todos.

También deben asegurarse de que todos los artículos de la cocina se devuelvan limpios y en buenas condiciones al/la celador/a, que luego los pasará al siguiente servidor, esto garantiza la rendición de cuentas de los artículos utilizados.

El día antes de que comience su semana de servicio, aquellos en el turno de cocina deben recibir una porción extra de bebida y pan para ayudarles a servir sin cansancio o queja.

En días especiales, deben completar su servicio después del servicio religioso (Misa).

El domingo por la mañana, después de las primeras oraciones, los servidores que cambian de turno deben pedir las oraciones de la comunidad en la sala de oración.

El servidor saliente debe recitar, «Benditos sean Tú, Señor Dios, que me has ayudado y consolado», tres veces y recibir una bendición.

Luego el servidor entrante debe decir, «Inclina a mi ayuda, oh, Dios; Señor, apresúrate a ayudarme», también tres veces, recibir una bendición y comenzar su servicio.

Capítulo 36: Cuidando a los miembros enfermos

Debe darse prioridad al cuidado de los enfermos, tratándolos con el mismo respeto y servicio que se le ofrecería a Cristo mismo, ya que Él nos lo enseñó a través de sus palabras: «Estuve enfermo y me visitaron», y «Lo que hicieron por uno de mis hermanos más pequeños, por mí lo hicieron».

Sin embargo, los enfermos también deben ser conscientes de no sobrecargar a sus cuidadores con demandas poco razonables, aunque sus necesidades deben ser atendidas con paciencia, reconociendo que de este servicio se deriva una mayor recompensa.

El líder de la comunidad, el Abad, debe asegurarse de que los enfermos no experimenten ningún descuido, por esta razón, se debe designar una habitación separada para el cuidado de los enfermos, así como un cuidador dedicado que sea compasivo, atento y concienzudo.

Deben estar disponibles baños para los enfermos según lo necesiten para su bienestar; sin embargo, para aquellos que están más sanos y/o jóvenes, los baños deben ser menos frecuentes.

Además, se debe ofrecer la opción de comer carne a los más débiles para ayudar en su recuperación, pero una vez que comiencen a mejorar, deberían volver a la práctica habitual de abstenerse de carne.

El Abad debe estar vigilante para asegurarse de que los enfermos no sean descuidados por aquellos responsables de su cuidado, como los bodegueros o asistentes, ya que el Abad también es responsable de cualquier deficiencia en la atención proporcionada por sus subordinados.

Capítulo 37: Consideración por los ancianos y los niños

16 de marzo, 16 de julio, 15 de noviembre

Es un instinto humano natural sentir una especial bondad hacia las personas mayores y los niños; sin embargo, es importante que nuestras pautas también reflejen esta compasión.

Debemos reconocer sus vulnerabilidades y no esperar que se adhieran estrictamente a las mismas reglas respecto a las comidas que el resto; en su lugar, deberíamos mostrar consideración por sus necesidades y permitirles comer antes de los horarios habituales.

Capítulo 38: El Lector Semanal

La lectura debería acompañar las comidas de la comunidad, y la tarea de leer no se debe asignar al azar; en lugar de eso, se deberá nombrar un lector designado cada semana, comenzando su rol el domingo.

Después de asistir a la misa y recibir la comunión, el nuevo lector debe pedir las oraciones de la comunidad para evitar el pecado del orgullo. Juntos recitarán tres veces en la capilla: «Oh Señor, abre mis labios, y mi boca proclamará tu alabanza», tras recibir una bendición, el lector podrá comenzar con sus deberes.

Durante las comidas, se espera un silencio completo, con la única excepción de la voz del lector; los demás hermanos deben comunicar sus necesidades de manera no verbal, pasándose objetos entre ellos para evitar hablar. Cualquier comunicación necesaria debe hacerse a través de una señal notable pero silenciosa.

No se permiten preguntas sobre la lectura u otros temas durante las comidas para prevenir la conversación, aunque el Superior puede ofrecer un breve comentario para fines de enseñanza.

El lector semanal debe tener un pequeño refrigerio antes de leer, especialmente después de la comunión, para asegurar que el ayuno no afecte su capacidad de lectura. Luego, tomarán su comida principal más tarde con el personal de cocina y los servidores de la semana.

Es importante notar que no todas las personas deben leer o cantar por turno; solo aquellas que puedan hacerlo de una manera que sea edificante e instructiva para los oyentes se les debe dar esta responsabilidad.

Capítulo 39: Porciones apropiadas de comida

Para las comidas diarias, ya sean al mediodía o por la tarde, es adecuado proporcionar dos platos preparados en cada mesa, para acomodar a quienes tienen restricciones alimentarias o enfermedades, permitiéndoles elegir el plato que pueden comer; estos platos deben ser suficientes para todos los miembros, añadiendo un tercer plato de frutas o verduras frescas cuando estén disponibles.

Se debe asignar una libra de pan a cada persona para todo el día, independientemente de si hay una o dos comidas, lo que incluye la cena y la comida. Si se sirve la cena, la persona encargada de la distribución de alimentos debe reservar un tercio del pan para esa comida.

Sin embargo, si el trabajo del día ha sido particularmente arduo, el

Abad tiene la discreción de aumentar las porciones de alimentos si se considera necesario; no obstante, es crucial evitar comer en exceso. La indulgencia en la comida es contraria a los valores cristianos, como lo reflejan las palabras de Nuestro Señor: «Estén en guardia para que sus corazones no se sobrecarguen con el exceso».

Las niñas y niños no deben consumir tanta comida como las personas adultas; sus porciones deben ser menores, reflejando la necesidad de moderación en todas las cosas.

Excepto por los enfermos que lo necesiten para recuperarse, todas las personas deben abstenerse de consumir la carne de animales cuadrúpedos.

Capítulo 40: La cantidad adecuada de bebida

«Cada quien tiene su propio don de Dios, uno de una manera y otro de otra», es con cierta duda que establecemos pautas para la cantidad de bebida que es apropiada; sin embargo, considerando las necesidades de quienes pueden no ser tan fuertes, pensamos que media pinta de vino por día para cada persona es adecuado, mientras tanto, para quienes tienen la fuerza para abstenerse de beber, deben saber que serán especialmente recompensados.

Si las condiciones locales, la naturaleza del trabajo o el calor del verano sugieren que se necesita más, la persona a cargo (el Superior), debe tomar una decisión sobre este asunto, priorizando que no se excedan hasta la embriaguez.

Reconocemos que, idealmente, el vino no es una bebida para monjes, pero dado que es difícil convencer a los monjes contemporáneos de esto, deberíamos al menos acordar beber con moderación y no en exceso, porque «el vino hace incluso a los sabios desviar el camino».

En situaciones en las que no es posible proporcionar la cantidad sugerida de vino, o si no hay vino en absoluto, las personas afectadas deben estar agradecidas a Dios y no quejarse, sobre todo, aconsejamos enérgicamente contra cualquier murmullo o queja.

Capítulo 41: Horarios de las comidas a lo largo del año

Del 20 de marzo al 20 de julio y del 19 de noviembre:

Desde la Pascua hasta Pentecostés, la comunidad debería almorzar al mediodía y cenar por la tarde. Desde Pentecostés durante el verano, a menos que los monjes estén ocupados con el trabajo del campo o haga un calor particularmente intenso, deberían ayunar los miércoles y viernes hasta las 3 PM; en otros días, el almuerzo debería ser al mediodía. Si hay trabajo en el campo o si el calor es intenso, el almuerzo al mediodía será lo normal, y el Abad utilizará su juicio para tomar esta decisión, puesto que su objetivo debe ser asegurar el bienestar de la comunidad y evitar cualquier descontento durante el trabajo.

Del 15 de septiembre hasta el inicio de la Cuaresma:

Las comidas deben ser consistentemente a las 3 PM.

Durante la Cuaresma hasta Pascua:

La cena debe ser por la tarde, programada para terminar antes de que oscurezca, eliminando la necesidad de iluminación artificial, en vista de que, sin importar la estación del año, tanto el almuerzo como la cena deben programarse para concluir con luz del día.

Capítulo 42: Silencio después de la oración vespertina

Los monjes siempre deben valorar el silencio, pero es particularmente importante en la noche.

Independientemente de la época del año o el horario de las comidas, se debe observar la siguiente rutina:

Si los monjes tienen dos comidas ese día, deben reunirse después de la cena, en dicha reunión, un monje leerá en voz alta textos que inspiren y enseñen, como las «Conferencias» o las «Vidas de los Padres»; sin embargo, deben evitar la lectura del Heptateuco o de los Libros de los Reyes en este momento, ya que pueden ser demasiado complejos para algunos por la noche, esas partes de la Escritura pueden leerse en otros momentos.

En los días de ayuno, deben esperar un corto tiempo después de la oración de la tarde antes de comenzar la lectura, y deben leer lo suficiente, alrededor de cuatro o cinco páginas, o tanto como el tiempo lo permita, para que todos tengan tiempo de terminar sus tareas y unirse al grupo.

Cuando todos estén reunidos, deben decir la oración de la tarde, después de dicha, nadie tiene permitido hablar. Si alguien rompe esta regla de silencio debe enfrentar consecuencias estrictas.

En dicha regla hay excepciones; por ejemplo, si un invitado necesita atención o si el Abad da una orden, incluso entonces, la conversación debe ser mínima, seria y contenida.

Capítulo 43: La puntualidad para la oración y las comidas

Cuando sea la hora de la oración o el Oficio Divino, todos deben dejar lo que están haciendo e ir rápidamente, pero con respeto, a la capilla en cuanto oigan la señal, considerando que nada más debería tener prioridad sobre este culto comunitario.

Si alguien llega tarde al Oficio de la Noche, específicamente después del «Gloria al Padre» en el Salmo 94 (que debería recitarse lentamente por esta razón), no deberían tomar su lugar habitual.

En su lugar, deben permanecer de pie en la parte de atrás o en un área designada para los rezagados, donde el Abad y todos los demás puedan verlos, deben permanecer allí hasta que el servicio termine y luego pedir disculpas públicamente por su tardanza. Esta visibilidad sirve como un método disuasorio para futuras tardanzas y previene que simplemente vuelvan a dormir o se dediquen a pláticas ociosas afuera, lo que podría llevar a más distracciones.

Para las oraciones diurnas, cualquier persona que llegue después del verso y el «Gloria al Padre» del primer Salmo también debe quedarse atrás, no deberían unirse al canto hasta que hayan reparado su falta, a menos que el Abad les perdone; incluso con el perdón, todavía necesitan reparar su tardanza.

Si alguien llega tarde a la mesa y se pierde el verso comunitario y la oración que marcan el comienzo de la comida, deberá ser corregido, si llega tarde una segunda vez, tendrá que comer en soledad y sin su porción habitual de vino hasta que demuestre que puede ser puntual. Lo mismo se aplica a cualquiera que se pierda el verso después de la comida.

Nadie debe comer o beber fuera de los horarios programados.

Si el Superior ofrece comida o bebida y se rechaza, la persona que la rechazó no debería esperar obtener lo que más tarde desee o cualquier otra cosa hasta que haya reparado adecuadamente su negativa inicial.

Capítulo 44: El proceso de hacer reparaciones por ofensas graves

Para aquellas personas que hayan cometido ofensas graves y como consecuencia estén excluidas de las oraciones y comidas comunitarias, se prescribe el siguiente proceso de enmienda:

Después de que haya terminado el servicio de oración comunitario, la persona debe acostarse boca abajo frente a la entrada del salón de oración, permaneciendo en silencio e inmóvil, como señal de humildad y penitencia. Este acto de postración debe hacerse a medida que los demás salen del salón de oración y debe continuar hasta que el jefe del monasterio, el Abad, decida que la persona ha mostrado suficiente arrepentimiento.

Una vez que el Abad señale que la persona puede acercarse, primero debe arrodillarse ante el Abad y luego ante todos los demás miembros de la comunidad, pidiendo sus oraciones y perdón.

Si el Abad lo permite, la persona podrá reincorporarse a la comunidad en el área del coro durante los servicios de oración, pero no debe dirigir ninguna parte del servicio, como cantar un salmo o leer un pasaje, a menos que el Abad dé su permiso explícito.

Además, al final de cada servicio de oración, la persona debe arrodillarse en su lugar designado como acto continuo de penitencia, esta práctica debe mantenerse hasta que el Abad dé instrucciones de detenerla.

Para quienes hayan cometido ofensas menos graves y solo estén excluidos de las comidas comunitarias, deben hacer enmiendas en el salón de oración y permanecer allí hasta que el Abad dé la bendición y declare que su penitencia está completa.

Capítulo 45: Sobre cómo abordar los errores durante los servicios de oración

Si alguien comete un error al recitar un Salmo, un responsorio, una antífona o una lectura durante un servicio de oración, debe demostrar humildad al reconocer su equivocación delante de todos y enmendarla.

Si no lo hace, deberá recibir un castigo más severo porque eligió no corregir su error con humildad, el cual cometió por negligencia; sin embargo, por ese tipo de errores, los niños deben ser disciplinados con la corrección apropiada considerando el nivel de la falta.

Capítulo 46: Sobre el tratamiento de los fracasos en diversos deberes

Si una persona del monasterio comete un error mientras realiza alguna tarea—ya sea en la cocina, las áreas de almacenamiento; los talleres, la panadería, el jardín, durante un oficio o en cualquier otro lugar—y por ello causa daño, pierde algo o comete cualquier otro tipo de equivocación, debe informar de inmediato al Abad y a la comunidad para reconocer su error y buscar la forma de enmendarlo, si no lo informa y su error es descubierto posteriormente por alguien más, debe recibir una sanción más severa.

No obstante, si la cuestión es de índole personal y espiritual, debe mantenerse en confidencialidad, dado que, la persona debe confiar únicamente en el Abad o un mentor espiritual que sea hábil en sanar tanto sus propios males espirituales como los de otros de manera discreta, sin revelación pública.

Capítulo 47: Programando el Oficio Divino

La responsabilidad de señalar la hora para el Oficio Divino, tanto durante el día como en la noche, recae en el Abad, quien puede optar por señalar estas horas personalmente o delegar esta importante tarea a un monje de confianza para asegurar la puntualidad.

Los Salmos y antífonas deben ser dirigidos por aquellas personas seleccionadas por el Abad, siguiendo el orden que él ha establecido, además, solo quienes puedan desempeñar este deber de manera que eleve y beneficie a los oyentes deben asumir el rol de cantar o leer, dado que, la tarea debe llevarse a cabo con modestia, seriedad y respeto, y únicamente por la persona que el Abad haya designado para este propósito.

Capítulo 48: Sobre el trabajo diario y la lectura

La ociosidad es perjudicial para el alma; por lo tanto, las personas del monasterio deben dedicarse tanto al trabajo manual como a la lectura sagrada en los tiempos designados.

Se sugiere el siguiente horario:

Desde Pascua hasta el principio de octubre, después de las oraciones matutinas, los monjes deben trabajar hasta media mañana; desde media mañana hasta el mediodía deben dedicar tiempo a la lectura, y después de la comida del mediodía pueden descansar en silencio o leer en privado sin molestar a los demás. Una oración de la tarde temprano es seguida por más trabajo hasta la oración vespertina.

Si la comunidad necesita cosechar sus propios cultivos debido a la ubicación o restricciones financieras, no deben sentirse disgustados en vista que, la verdadera vida monástica implica auto sustentarse a través del trabajo manual, siguiendo el ejemplo de nuestres ancestros y los Apóstoles; sin embargo, todas las tareas deben ser abordadas con moderación para adaptarse a aquellas personas menos robustas.

Desde el principio de octubre hasta la Cuaresma, la lectura debe ocupar a los monjes hasta media mañana, después de la oración de media mañana, deben trabajar hasta la oración de media tarde y después de la comida del mediodía, vuelven a la lectura o a la recitación de los Salmos.

Durante la Cuaresma, la lectura se extiende desde la mañana hasta media mañana, con el trabajo continuando hasta la tarde, a cada monje se le entrega un libro para leer en su totalidad durante la Cuaresma, distribuido al inicio de la temporada.

Las personas mayores del monasterio deben supervisar a la comunidad durante los tiempos de lectura para asegurarse de que nadie esté ocioso o sea disruptivo.

Si se encuentra a alguien descuidando esta tarea, debe ser advertido y, si no responde a la corrección, disciplinado de acuerdo con las reglas monásticas para servir de ejemplo a los demás. Es importante recordar que no se debe socializar en tiempos inapropiados.

Los domingos, todos deben centrarse en la lectura, excepto aquellas personas asignadas a deberes específicos; si alguien es incapaz o no está dispuesto a leer, se le debe asignar trabajo para prevenir la ociosidad.

A las personas enfermas o frágiles se les deben dar tareas que prevengan la ociosidad sin que se exijan demasiado, es deber de El Abad considerar las limitaciones al momento de asignar las actividades.

Capítulo 49: La observación de la Cuaresma

31 de marzo, 31 de julio, 30 de noviembre

Los monjes deberían vivir idealmente cada día con la disciplina y el enfoque de la Cuaresma; sin embargo, reconociendo que este nivel de compromiso es desafiante para muchos, enfatizamos la importancia de ser especialmente diligentes durante la Cuaresma misma, este período sagrado es una oportunidad para purificar nuestras vidas y corregir cualquier descuido en nuestras prácticas habituales.

Para honrar adecuadamente la Cuaresma, debemos ejercer un mayor autocontrol, evitando las malas acciones, dedicándonos a la oración, muchas veces acompañada de lágrimas, comprometiéndonos profundamente con la lectura espiritual y el experimentar un arrepentimiento por nuestras faltas y practicar el ayuno.

Durante la Cuaresma, ofrecemos voluntariamente añadidos a nuestras obligaciones espirituales regulares, esto podría incluir oraciones personales o mayores restricciones en la comida y la bebida.

Se anima a cada persona a ofrecer voluntariamente a Dios algo más allá de lo que normalmente se espera, ya sea menos comida; menos sueño, abstenerse de charlas vanas o evitar el humor, esto debe hacerse con un espíritu de alegría, impulsado por el deseo de crecimiento espiritual mientras anticipamos la celebración de la Pascua.

Cada monje debería discutir con el Abad lo que piensa ofrecer para la Cuaresma, buscando su bendición y consentimiento; por el contrario, emprender acciones sin el permiso del Abad se considera presumido y vanidoso, y dichas acciones no serán recompensadas; por lo tanto, todas las ofrendas deben hacerse con la aprobación del Abad.

Capítulo 50: Sobre los miembros que trabajan a distancia o viajan

Para los miembros que están realizando labores lejos del monasterio y que no puedan regresar a la capilla en los horarios designados para la oración, el Abad, al reconocer esta situación, debe permitirles llevar a cabo sus deberes espirituales en su lugar de trabajo, indiscutidamente deben demostrar su respeto inclinándose de forma reverente ante Dios mientras oran.

De manera similar, aquellos que estén de viaje no deben descuidar los tiempos de oración programados, deben realizar sus devociones de forma individual lo mejor que puedan, asegurándose de cumplir con sus obligaciones espirituales junto con sus compromisos de viaje.

Capítulo 51: Directrices para monjes en viajes cortos

Un monje al que se le asigne una tarea que requiera salir del monasterio, pero que se espere que regrese el mismo día; no deberá comer fuera del monasterio, sin importar cuán insistentemente sea invitado por alguien, a menos que haya recibido un permiso explícito del Abad. De lo contrario, deberá enfrentar medidas disciplinarias.

Capítulo 52: El lugar de oración del monasterio

El lugar de oración u oratorio debe ser eso; un espacio dedicado solo a la oración, el cual no debería utilizarse para ningún otro propósito, ni debería almacenarse nada más allí.

Después de las oraciones comunitarias, todos deben salir en completo silencio, mostrando el máximo respeto por el espacio sagrado, esto garantiza que quienes deseen quedarse y orar en privado puedan hacerlo sin distracciones.

Además, el oratorio siempre está disponible para la oración individual; quienes entren con este propósito deben hacerlo en silencio, concentrándose en sus oraciones con sinceridad e intensidad emocional en lugar de con voz alta. Quien no cumpla con este enfoque respetuoso no debe permanecer en el oratorio después de las oraciones comunitarias para evitar molestar a las demás personas.

Este capítulo enfatiza la importancia de mantener una atmósfera de paz y reverencia en el oratorio para facilitar la oración personal y comunitaria sin interrupciones.

Capítulo 53: Sobre la recepción de huéspedes

Cuando lleguen los huéspedes, deben ser recibidos como si fueran el mismo Cristo, haciendo eco de sus palabras: «Vine como huésped, y me recibieron», muestren el debido respeto a todos, en particular a los creyentes y a quienes están de peregrinación.

A la llegada de un huésped, el Superior u otros miembros deben saludarlos con calidez y servicio, se debe comenzar con una oración compartida, seguida por una ofrenda de paz; Sin embargo, la ofrenda de paz debe darse después de la oración para evitar cualquier engaño potencial del diablo.

Al saludar a los huéspedes, ya sea en su llegada o partida, demuestren la máxima humildad; Inclinen la cabeza o incluso prostérnense para honrar a Cristo, quien está representado por los huéspedes.

Después de dar la bienvenida a los huéspedes y dirigirlos en oración, el Superior o un miembro designado debe pasar tiempo con ellos, lean de la ley divina para el beneficio del huésped y luego brinden toda clase de amabilidades.

El Superior puede romper su ayuno para acomodar a un huésped a menos que sea un día de ayuno importante que no deba ser interrumpido. Los demás miembros deben continuar con sus prácticas regulares de ayuno.

El Abad debe proporcionar agua para que los huéspedes se laven las manos, y tanto el Abad como la comunidad deben lavar los pies de los huéspedes, recitando: «Hemos recibido tu misericordia, oh, Dios, en medio de tu templo».

Se debe prestar especial atención y cuidado a los pobres y a los peregrinos, ya que Cristo está particularmente presente en ellos, esto porque a menudo, el respeto que se otorga a los ricos proviene de la admiración que inspiran.

Se debe establecer una cocina separada para el Abad y los huéspedes para prevenir la interrupción a los hermanos cuando los huéspedes lleguen en momentos inesperados.

Asignen a dos miembros capaces durante un año para manejar esta cocina, proporcionándoles la asistencia necesaria para evitar quejas, ya para cuando estén menos ocupados, deberán estar disponibles para otras tareas asignadas. Este principio de proporcionar ayuda cuando sea necesario y asignar otro trabajo cuando estén menos ocupados, debe aplicarse a todas las labores del monasterio.

La casa de huéspedes debe ser supervisada por un miembro temeroso de Dios; además, debe contar con un número adecuado de camas preparadas y ser gestionada con sabiduría.

Los miembros a quienes no se les ha instruido hacerlo, no deben interactuar ni conversar con los huéspedes. Si se encuentran con huéspedes, deben saludarlos con respeto, pedir una bendición y explicar que no tienen permitido entablar conversación con los huéspedes.

Capítulo 54: Las comunicaciones personales y regalos para los monjes

Los monjes no deben, en ninguna circunstancia, recibir cartas personales, símbolos, o cualquier tipo de regalos de su familia, amistades o compañeros sin el consentimiento del Abad.

Si un monje recibe algo de su familia o de cualquier otra persona, no debe aceptarlo antes de mostrarlo al Abad, porque luego, el Abad tiene el poder de decidir a quién pertenece el regalo recibido.

La persona destinataria no debe sentirse molesta si el Abad decide no darle el artículo, ya que esto podría llevar a emociones negativas que podrían ser aprovechadas por fuerzas negativas.

Si un monje no sigue esta regla y actúa por su cuenta, debe enfrentarse a las consecuencias como se detalla en la Regla.

Capítulo 55: Ropa y calzado para los monjes

La ropa proporcionada a los monjes debe ser adecuada para la ubicación y el clima del monasterio, El Abad debe tener en cuenta estos factores: en áreas más frías, requerirán más ropa y en climas más cálidos, se necesita menos.

Para la mayoría de los monasterios, sugerimos lo siguiente como vestuario básico para cada monje: una túnica; un capuz (más pesado para el invierno, más ligero para el verano), un escapulario de trabajo, calcetines y zapatos.

A los monjes no les debe preocupar el color o la textura de estos artículos, deben estar contentos con lo que está disponible localmente y a un precio accesible.

El Abad es responsable de asegurarse de que la ropa se ajuste adecuadamente, ni demasiado grande ni demasiado pequeña para quien la lleva.

Cuando los monjes reciben ropa y artículos nuevos, deben devolver de inmediato sus prendas viejas y artículos usados, que pueden almacenarse para las personas necesitadas; mientras que, los calcetines desgastados y otros artículos que no puedan ser reparados también deben devolverse al recibir reemplazos.

Generalmente es suficiente que un monje tenga dos juegos de túnicas y capuces para la noche por propósitos de lavandería, poseer más de esto es excesivo y debe evitarse.

Los monjes que viajan pueden recibir ropa interior del guardarropa, la cual se espera que laven y devuelvan después de su viaje, así también se les puede proporcionar túnicas y capuces ligeramente mejores para viajar, que deben devolver a su regreso al monasterio.

Para la cama, lo siguiente debería ser suficiente: un colchón, una manta, un edredón y una almohada.

El Abad debe revisar regularmente las camas de los monjes para asegurarse de que no se guarden posesiones personales. Cualquier monje que se encuentre con artículos no autorizados debe enfrentar una disciplina estricta para evitar el hábito de la propiedad privada.

Para eliminar cualquier excusa para guardar objetos personales, el Abad debe suministrar todas las necesidades, incluyendo ropa; calzado, cinturones, cuchillos, plumas, agujas, pañuelos y tablillas para escribir, esto asegura que cada monje tenga lo que necesita, como se hacía en la comunidad cristiana primitiva donde los bienes se distribuían según la necesidad.

En todas las decisiones, el Abad debe considerar las necesidades de los menos afortunados, no el resentimiento de los envidiosos, sobre todo, el Abad debe recordar que Dios juzgará sus acciones.

Capítulo 56: Los arreglos para las comidas del Abad

El Abad deberá cenar con los invitados y los viajeros siempre que estén presentes.

Si no hay invitados, el Abad puede elegir invitar a cualquier miembro de la comunidad a unirse a él; no obstante, es importante que uno o dos miembros de mayor antigüedad permanezcan con el resto de la comunidad para asegurar que se mantenga la disciplina.

Capítulo 57: Sobre los artesanos del monasterio

Si hay miembros del monasterio hábiles en diversos oficios, deben realizar su trabajo con humildad y solo con el consentimiento del Abad. Si algún artesano se enorgullece de más sobre sus habilidades y del beneficio que aportan al monasterio, debe ser apartado de su trabajo hasta que muestre humildad y el Abad le permita regresar.

En cuanto a la venta de los bienes artesanales del monasterio, las personas responsables de las ventas deben actuar honestamente, sin recurrir al engaño. Deben recordar el destino de Ananías y Safira, quienes sufrieron la muerte por su deshonestidad, para evitar un final espiritual similar.

Los bienes deben tener un precio justo, siempre ligeramente inferior al valor del mercado, para evitar el pecado de la avaricia y para honrar a Dios en todas las transacciones.

Capítulo 58: La manera de recibir a los nuevos miembros

Cuando alguien llegue buscando cambiar su vida, no facilite su entrada demasiado. Como dice el Apóstol: «Prueben los espíritus para ver si son de Dios».

Si el recién llegado persiste en llamar a la puerta y muestra paciencia ante el rechazo inicial y los desafíos del ingreso durante cuatro o cinco días, y continúa pidiendo unirse, entonces permítale entrar. Deje que se quede en la casa de huéspedes por unos días, después, deberá vivir en el noviciado, la zona para las personas nuevas, donde estudiará, comerá y dormirá.

Asigne a alguien experimentado y de confianza para supervisar cuidadosamente, para ver si la persona recién llegada busca verdaderamente a Dios, y tiene entusiasmo por la Obra de Dios, la obediencia y la aceptación de desafíos. Seguidamente informe al novicio o novicia sobre el difícil camino hacia Dios.

Si la persona recién llegada se compromete a quedarse y perseverar, léale esta Regla después de dos meses y diga: «Este es el compromiso que estás eligiendo. Si puedes seguirlo, únete; si no, eres libre de irte», y si aún están decididos, permítales continuar en el noviciado y enfrentar más pruebas de paciencia.

Después de seis meses, léales la Regla nuevamente para que sepan a qué se están comprometiendo, si después de otros cuatro meses aún se mantienen firmes en su decisión, léales la Regla una vez más.

Luego, si deciden seguir la regla completamente y obedecer todos los mandamientos, recíbalos en la comunidad. Ellos deben comprender que una vez que se unan, no podrán abandonar el monasterio ni escapar de las obligaciones de la Regla, las cuales tuvieron la libertad de aceptar o rechazar durante su período de consideración.

El nuevo miembro debe hacer una promesa en la capilla frente a todos, comprometiéndose a la estabilidad, la reforma de la vida y la obediencia, dicha promesa es hecha delante de Dios y los Santos, para que sepan que serán juzgados por Dios si no cumplen.

Deberán escribir esta promesa ellos mismos o hacer que alguien más la escriba si no pueden, y luego firmarla.

Colocarán la promesa en el altar ellos mismos y cantarán: «Recíbeme, Señor, según tu palabra, y viviré: y no quede yo confundido en mi esperanza», entonces la comunidad responderá tres veces y añadirá «Gloria al Padre», posteriormente el nuevo miembro se inclinará ante cada persona para recibir oraciones y se considerará parte de la comunidad desde ese momento.

Si el nuevo miembro tiene posesiones, deberá donarlas a los pobres o entregarlas formalmente al monasterio, no guardando nada para sí mismos, ya que no tendrán control sobre su propio cuerpo a partir de entonces.

En la capilla, deberán cambiar su ropa propia por el atuendo del monasterio, su ropa antigua deberá ser guardada.

Si alguna vez deciden dejar el monasterio (lo cual esperamos que no suceda), volverán a su ropa antigua y se irán; sin embargo, su promesa escrita, tomada del altar por el Abad, no será devuelta, sino que se guardará en el monasterio.

Capítulo 59: Sobre la admisión de niños nobles y pobres

Si una familia noble desea consagrar a su hijo pequeño a Dios ingresándole en el monasterio, deben preparar una solicitud formal como se describió anteriormente.

Durante la ceremonia, deben colocar esta solicitud y la mano del niño sobre el paño del altar como símbolo de su ofrenda.

En cuanto a la herencia del niño, los padres deben jurar en la misma solicitud que no le proveerán ninguna posesión, ni directa ni indirectamente.

Si los padres no desean hacer este compromiso, pero aun así quieren apoyar al monasterio, pueden donar propiedades al monasterio mientras retienen los derechos a cualquier ingreso de ésta. Esto asegura que el niño no tenga expectativas de riqueza que podrían potencialmente desviarle, como se ha observado en el pasado.

Las familias con medios modestos deben seguir el mismo proceso de ofrecer a su hijo al monasterio, mientras que aquellos que no tienen posesiones pueden presentar su solicitud y ofrecer a su hijo en presencia de testigos.

Capítulo 60: Sobre la admisión de sacerdotes en el monasterio

Si un sacerdote busca unirse al monasterio, no se le debe aceptar con demasiada rapidez; sin embargo, si insiste en su solicitud, debe entender que se le requerirá seguir todas las reglas sin excepción, como se dice: «Amigo, ¿a qué has venido?».

Una vez admitido, el sacerdote puede ocupar un puesto inmediatamente después del Abad, el cual le permite dar bendiciones y dirigir la Misa, pero solo cuando el Abad le dé autorización, no debe actuar por su propia cuenta, debe ser consciente de que está sujeto a las mismas reglas que todos los demás y su comportamiento debe servir como un modelo de humildad para las demás personas.

En asuntos de nombramientos del monasterio o de negocios, la antigüedad del sacerdote se basará en el momento en que se unió al monasterio, no en la consideración especial que generalmente se da a su sacerdocio.

De manera similar, si otros miembros del clero desean formar parte del monasterio, se les deberá asignar un cargo que refleje un equilibrio entre su estatus clerical y su compromiso con la comunidad. Ellos también deben acordar cumplir con las reglas del monasterio y comprometerse a permanecer allí.

Capítulo 61: Recibiendo a monjes visitantes

Cuando un monje viajero de lejos busca hospedarse en el monasterio, debe ser bienvenido por el tiempo que desee, siempre y cuando esté dispuesto a adaptarse a las costumbres locales sin causar altercados ni realizar demandas innecesarias. Debe estar satisfecho con lo que está disponible, pero si este ofrece críticas constructivas o sugerencias con amabilidad y humildad, el Abad debería considerar cuidadosamente si acaso el monje fue enviado por esa misma razón.

Si más tarde el monje visitante expresa el deseo de comprometerse permanentemente con la comunidad, su solicitud debe ser otorgada, especialmente ya que su comportamiento ha sido observado durante su estadía; sin embargo, si el monje resulta ser problemático o se comporta de manera inapropiada, no se le debe permitir unirse a la comunidad. De hecho, puede ser necesario pedirle que se vaya para evitar que su influencia negativa afecte a otros.

Por el contrario, si el monje ha demostrado ser una influencia positiva, no solo se le debe permitir unirse a la comunidad bajo solicitud, sino que también se le debe animar a quedarse para servir como un ejemplo a seguir para otros.

Si el Abad reconoce el mérito del monje, puede asignarle una posición más alta dentro de la comunidad, esto se aplica no solo a monjes; sino también a aquellos con estado sacerdotal o clerical, El Abad puede colocarlos en un rango más alto si su conducta lo justifica.

Sin embargo, el Abad debe ser cauteloso de nunca aceptar a un monje de otro monasterio establecido en su comunidad sin la aprobación del Abad de este monje o una carta de recomendación, adhiriendo al principio: «No hagas a otros lo que no querrías que te hicieran».

Capítulo 62: Sobre los sacerdotes del monasterio

Si un Abad desea nombrar a un sacerdote o diácono dentro de su monasterio, debe seleccionar a un monje que sea capaz y merecedor de cumplir con los deberes sacerdotales; sin embargo, el monje ordenado debe permanecer humilde, evitando cualquier arrogancia u orgullo.

No debe actuar de manera independiente, sino seguir las instrucciones del abad, adhiriéndose estrictamente a las reglas del monasterio, puesto que su ordenación no lo exime de las obligaciones de obediencia y disciplina descritas en la Regla; por el contrario, debe esforzarse aún más para avanzar espiritualmente.

El sacerdote debe retener el rango que tenía al unirse al monasterio, excepto cuando realice sus deberes litúrgicos o si la comunidad monástica y el Abad deciden elevarlo debido a su vida virtuosa; no obstante, debe cumplir con las directivas de los decanos y priores.

Si el sacerdote actúa en contra de estas expectativas, debe ser disciplinado no como clérigo, sino como un miembro desafiante de la comunidad, si este no corrige su comportamiento tras múltiples advertencias, el asunto puede ser escalado para involucrar al obispo. Si el sacerdote continúa sin arrepentirse y su mala conducta se hace bien conocida, finalmente puede ser expulsado del monasterio, pero solo si se niega persistentemente a conformarse con la Regla o a obedecerla.

Capítulo 63: Jerarquía comunitaria y respeto

Los miembros del monasterio deben mantener su rango basado en el momento en que se unieron, su comportamiento y las decisiones del Abad; no obstante, el Abad debe ejercer su autoridad de manera justa, consciente de que rendirá cuentas a Dios por sus acciones.

En el orden establecido por el Abad, los monjes deben participar en rituales como el beso de paz; la Comunión, el canto de Salmos y estar de pie en el coro. La edad por sí sola no debe determinar el rango, ya que incluso personas jóvenes como Samuel y Daniel ejercieron roles de juicio sobre sus mayores.

A menos que el Abad haya realizado cambios específicos, el rango de cada monje se determina por el orden de su llegada al monasterio; por ejemplo, alguien que llegó en la segunda hora del día es más joven que alguien que llegó en la primera hora, independientemente de su edad o condición.

Los niños deben ser disciplinados y orientados por todos los miembros, los jóvenes deben respetar a sus mayores, y los mayores deben mostrar afecto por sus jóvenes. En todo caso, los jóvenes deben referirse a los mayores como «Padre» y los mayores deben llamar a los jóvenes «Hermano», para mantener un sentido de respeto.

El Abad, representando a Cristo, debe ser llamado «Señor y Abad» por respeto a Cristo, no por la gloria propia del Abad, el Abad debe estar a la altura de este honor.

Cuando los monjes se encuentren entre sí, el joven debe buscar la bendición del mayor, y si pasa un mayor, el joven debe levantarse y ofrecer su asiento, sentándose juntos solo si es invitado a hacerlo. Esta práctica sigue el principio de mostrar honor mutuo.

Los niños y adolescentes deben adherirse a su orden designado durante eventos y comidas formales, mientras que, en otros momentos y situaciones, deben estar bajo supervisión hasta que alcancen una edad de madurez.

Capítulo 64: Sobre la selección de un Abad

Al nombrar un Abad, siempre se debe observar el siguiente procedimiento; el cargo deberá ser otorgado al candidato elegido sea por unanimidad de toda la comunidad, con un sincero respeto por Dios, o por un segmento menor de la comunidad si su recomendación es más acertada.

La decisión debe basarse en el carácter moral y la comprensión de las enseñanzas espirituales de la persona, incluso si se trata del miembro menos antiguo de la comunidad; sin embargo, si toda la comunidad decide elegir a alguien que apruebe malas prácticas y estas faltas lleguen a la atención del Obispo local, otros Abades o personas devotas de la zona, deberán intervenir y designar un líder adecuado para la casa de Dios.

Pueden estar seguros de que serán recompensados por tomar tal acción con las intenciones correctas y por devoción a Dios; por el contrario, estarán cometiendo un pecado si descuidan hacerlo.

Una vez que el Abad esté en su lugar, siempre debe recordar la responsabilidad que ha aceptado y la rendición de cuentas que tiene ante Dios por su gestión, su papel es beneficiar a sus hermanos más que dominar sobre ellos.

Debe ser conocedor de la ley divina para poder recurrir a una rica sabiduría; debe ser puro, moderado y compasivo, priorizando la misericordia sobre el juicio para recibir misericordia y debe detestar los vicios y amar a sus hermanos.

Al corregir a otros, el Abad debe ser sensato y medido para no causar daño mientras intenta eliminar las faltas, y siempre debe ser consciente de sus propias debilidades y recordar no quebrar el ánimo de aquellos que están luchando.

Esto no significa que deba tolerar los vicios; más bien, debe eliminarlos de manera reflexiva y amable, como parezca mejor en cada situación, su objetivo debe ser, ser respetado en lugar de temido.

El Abad no debe ser propenso a la ira o la ansiedad, ni debe ser exigente, obstinado, sospechoso o desconfiado, ya que esto no le dejará paz.

Sus instrucciones deben ser reflexivas y razonables, y al asignar tareas, ya sean espirituales o mundanas, debe ser juicioso y equilibrado.

Debería emular el enfoque cuidadoso del sabio Jacob, quien dijo: «Si exijo demasiado a mis rebaños, todos morirán en un solo día», con esto y otros ejemplos de prudencia en mente, debe moderar todo para que los fuertes tengan retos que enfrentar y los débiles no se vean abrumados.

Sobre todo, el Abad debe adherirse a esta Regla en todos sus aspectos, para que, con un buen historial de servicio, pueda recibir la alabanza del Señor dada al siervo fiel que cuidó de sus compañeros sirvientes en el momento adecuado: «En verdad les digo, lo pondrá a cargo de todas sus posesiones».

Capítulo 65: El nombramiento y el papel del prior en el monasterio

No es raro que la designación de un Prior cause serios problemas dentro de los monasterios, algunas personas, una vez nombradas, se consumen por el orgullo y comienzan a actuar como si fueran un segundo Abad, llevando a conflictos y divisiones.

Esto es particularmente problemático cuando el Prior es nombrado por la misma autoridad que el Abad, lo que puede hacer que el Prior se sienta igual e independiente, tal situación puede engendrar envidia, discusiones y otros comportamientos disruptivos, poniendo en peligro la armonía de la comunidad y el bienestar espiritual de sus miembros; la responsabilidad de estos resultados negativos recae en quienes crearon esta estructura.

Para mantener la paz y la buena voluntad, es aconsejable que el Abad retenga el control completo sobre la administración del monasterio, y de ser necesario, el Abad puede delegar responsabilidades a decanos, evitando así que cualquier persona se vuelva arrogante debido a su puesto.

No obstante, si las necesidades específicas del monasterio o la solicitud colectiva de la comunidad lo justifican, y el Abad lo considera beneficioso, el Abad puede nombrar un Prior de su elección, con el consejo de miembros de confianza, este debe llevar a cabo sus responsabilidades con respeto y no actuar en contra de los deseos o instrucciones del Abad. Cuanto más alta sea su posición, con más diligencia debe adherirse a las reglas del monasterio.

Si se encuentra que el Prior tiene la culpa, es orgulloso o hace caso omiso de las reglas, debe ser advertido hasta cuatro veces, si no mejora, se deben tomar medidas disciplinarias más estrictas; de no cambiar, debe ser removido de su posición y reemplazado por alguien más adecuado. Si continúa siendo disruptivo, puede ser necesario expulsarle del monasterio.

Capítulo 66: El Portero del monasterio

24 de abril, 24 de agosto, 24 de diciembre

A la entrada del monasterio, asignen a una persona experimentada y sabia que sea capaz tanto de recibir a los invitados como de entregar mensajes, y cuya experiencia asegure que permanezca enfocada en sus deberes.

Este portero deberá tener un espacio para vivir cerca de la entrada para garantizar que siempre haya alguien listo para asistir a los visitantes.

Cuando alguien llame o pida atención a las afueras del monasterio, el portero deberá responder con «¡Gracias a Dios!» o «¡Dios le bendiga!» y luego atender prontamente y con amabilidad al visitante, guiado por un respetuoso temor de Dios y un espíritu de cálida caridad.

Si el portero necesita ayuda, puede ser apoyado por uno de los miembros más jóvenes del monasterio.

De ser posible, el monasterio deberá ser autosuficiente, con todas las necesidades esenciales como agua, un molino, un huerto y diversos talleres ubicados dentro de sus muros; esta disposición es para evitar que los monjes tengan que aventurarse afuera, ya que dichas excursiones no son beneficiosas para su bienestar espiritual.

Es importante que las reglas del monasterio se lean regularmente en voz alta a la comunidad para asegurarse de que nadie pueda alegar ignorancia como excusa para no seguirlas.

Capítulo 67: Pautas para los monjes en viaje

Cuando se asigne a los monjes viajar, deben solicitar oraciones de sus compañeros monjes y del Abad, como muestra de consideración, en el servicio de oración final del día, debe hacerse una mención especial por todos los monjes que estén fuera.

A su regreso, los monjes deben demostrar humildad y pedir perdón por cualquier posible error durante sus viajes, este acto de contrición debe tener lugar al final de cada servicio de oración en el día que regresen. Para realizarlo, deben recostarse boca abajo en el suelo de la sala de oración y pedir a sus compañeros que oren por ellos, especialmente si se han encontrado o participado en algo inapropiado, como vistas, sonidos o charlas ociosas dañinas y/o banales.

Se prohíbe estrictamente a los monjes compartir experiencias o información del exterior del monasterio que pueda perturbar la tranquilidad de la comunidad; cualquiera que rompa esta regla debe enfrentar las medidas disciplinarias establecidas, de la misma manera, cualquier monje que salga del recinto del monasterio o emprenda cualquier acción, por menor que sea, sin el permiso del Abad, estará sujeto a castigo de acuerdo con las regulaciones monásticas.

Capítulo 68: Responder a tareas abrumadoras

Si a un miembro del monasterio se le asigna una tarea difícil, casi imposible según sus capacidades físicas y/o mentales, debe aceptar la instrucción de su Superior con humildad y disposición para intentarlo; pero si la persona cree que la tarea va más allá de sus capacidades, debe explicar sus preocupaciones al superior de manera calmada y respetuosa en un momento apropiado, sin mostrar arrogancia, desafío o quejas ante la situación.

Si el superior insiste en la tarea después de escuchar las preocupaciones, la persona debe confiar en que este reto es para su beneficio y debe seguir la instrucción con amor, poniendo su fe en la ayuda de Dios para lograr lo que se le pide.

Capítulo 69: Ningún monje debe defender a otro

Debe prestarse atención para asegurarse de que ningún monje intente defender o proteger a otro dentro del monasterio, independientemente de si comparten un vínculo familiar.

Tales acciones están estrictamente prohibidas, ya que pueden llevar a disturbios y conflictos significativos, por lo tanto, cualquier monje que viole esta regla debe enfrentar una acción disciplinaria estricta.

Capítulo 70: Prohibición del castigo no autorizado

Para asegurar la justicia y el orden dentro del monasterio, es esencial que nadie asuma la responsabilidad de castigar a sus iguales sin la debida autorización.

Solo aquellos a quienes se les ha otorgado permiso explícito por parte del Abad pueden llevar a cabo acciones disciplinarias como la excomunión o el castigo corporal.

Si alguien actúa presuntuosamente y castiga a otro sin esta autoridad, esa persona estará sujeta a una reprimenda pública, sirviendo de advertencia para los demás.

Se debe prestar atención a los miembros más jóvenes de la comunidad, específicamente a los niños hasta los 15 años, es responsabilidad colectiva de la comunidad supervisarlos y guiarlos con un enfoque equilibrado que combine vigilancia con mesura.

Cualquier miembro que, sin la dirección del Abad, intente disciplinar a aquellos mayores de 15 años o que muestre un enojo descontrolado hacia los niños más pequeños, será disciplinado de acuerdo con las reglas establecidas del monasterio. Esto está de acuerdo con el principio: «No hagas a otros lo que no quieras que te hagan a ti».

Capítulo 71: La obediencia mutua entre los monjes

Fechas: 29 de abril, 29 de agosto, 29 de diciembre

La obediencia no solo debe mostrarse al Abad, sino también entre los propios monjes, ya que entienden que la obediencia es su camino hacia Dios.

Por lo tanto, aunque las órdenes del Abad y las de los Superiores designados tienen prioridad (y ninguna orden personal debe prevalecer sobre estas), todos los monjes más jóvenes deben obedecer a sus mayores con amabilidad y diligencia, por tanto, indistintamente, si un monje es argumentativo, debe ser disciplinado.

Además, si un monje es corregido por el Abad o cualquier Superior, o incluso si siente que un Superior está ligeramente molesto con él o ella, debe postrarse inmediatamente, sin vacilación, a los pies del Superior y permanecer allí para pedir disculpas hasta que la tensión se resuelva con una bendición, en el caso de que un monje se niegue a hacer esto, debe enfrentar disciplina física o, si permanece desafiante, ser expulsado del monasterio.

Capítulo 72: La importancia del celo en la vida monástica

Así como el celo perjudicial puede crear una brecha entre nosotros y Dios, llevando a caminos destructivos, también existe un celo positivo que nos aleja del mal y nos guía hacia Dios y la vida eterna.

Los monjes deben abrazar este celo positivo con amor e intensa dedicación, deben esforzarse en superarse mutuamente en mostrar respeto y honor; deben mostrar gran paciencia con las debilidades de los demás, ya sean físicas o emocionales; y deben competir en demostrar obediencia los unos a los otros, priorizando el bienestar ajeno sobre sus propios intereses.

Se alienta a los monjes a mantener un amor puro y fraterno, a sostener a Dios en sus corazones con amor, a estimar a su Abad con cariño genuino y modesto, y a colocar a Cristo por encima de todo lo demás. ¡Que esto nos lleve a todos hacia la vida eterna!

Capítulo 73: La Regla como fundamento para el crecimiento espiritual

Esta Regla ha sido compuesta para demostrar que, al seguirla dentro de los monasterios, podemos alcanzar un cierto nivel de virtud y los conceptos básicos de la vida monástica; sin embargo, para aquellos que aspiran a la plenitud de la vida espiritual, las enseñanzas de los santos Padres proporcionan orientación hacia la cumbre de la perfección.

Cada pasaje de las sagradas escrituras del Antiguo y del Nuevo Testamento ofrece una guía infalible para vivir, de igual manera, los escritos de los santos Padres Católicos nos dirigen claramente por un camino recto hacia nuestro Creador.

Además, las Conferencias, los Institutos y las biografías de los Padres, así como la Regla de nuestro santo Padre Basilio, son instrumentos de virtud para aquellos monjes comprometidos con una vida de rectitud y obediencia.

Para quienes luchamos con la pereza, la mala conducta y la negligencia, estos textos se mantienen como un recordatorio de nuestras deficiencias.

Por lo tanto, sea quien sea, si está luchando por el reino celestial, comience con esta Regla fundamental que hemos delineado para novicios, con la ayuda de Cristo, sígala fielmente; con el transcurso del tiempo, y con la gracia de Dios, progresará hacia las enseñanzas y virtudes más avanzadas a las que hemos hecho referencia.

«Cualquier buen trabajo que comiences a hacer, suplica a Dios con la oración más ferviente que sea perfeccionado».

SANCTVS
BENEDICTVS

¡Muchas gracias!

Agradecemos enormemente su preferencia. Somos una pequeña editorial que siempre busca mejorar sus libros. Si tiene alguna opinión o comentario, nos encantaría que nos lo dijera.

El código QR de la derecha le dará la opción para dejarnos una reseña o contactarnos directamente.

Libros relacionados

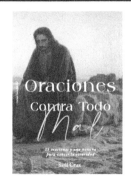

Si le interesa alguno de nuestros libros, puede escanear el siguiente código QR para conocer más de ellos:

—————————— ó ——————————

Visítenos en https://motmot.org/659

Made in United States
Orlando, FL
06 July 2025

62678359R00046